NTRE-AMIRAL RÉVEILLÈRE

Pensées

d'un

libre croyant

(AUTARCHIE)

Honorer Dieu,
Aimer l'humanité,
Agir en brave.
(*Triades*.)

BERGER-LEVRAULT & Cie, ÉDITEURS

PARIS | NANCY
5, rue des Beaux-Arts | 18, rue des Glacis

1903

Pensées d'un libre croyant

OUVRAGES DU MÊME AUTEUR

CONTRE-AMIRAL RÉVEILLÈRE

Pensées

d'un

libre croyant

(AUTARCHIE)

Honorer Dieu,
Aimer l'humanité,
Agir en brave.
(*Triades.*)

BERGER-LEVRAULT & Cie, ÉDITEURS

PARIS	NANCY
5, rue des Beaux-Arts	18, rue des Glacis

1903

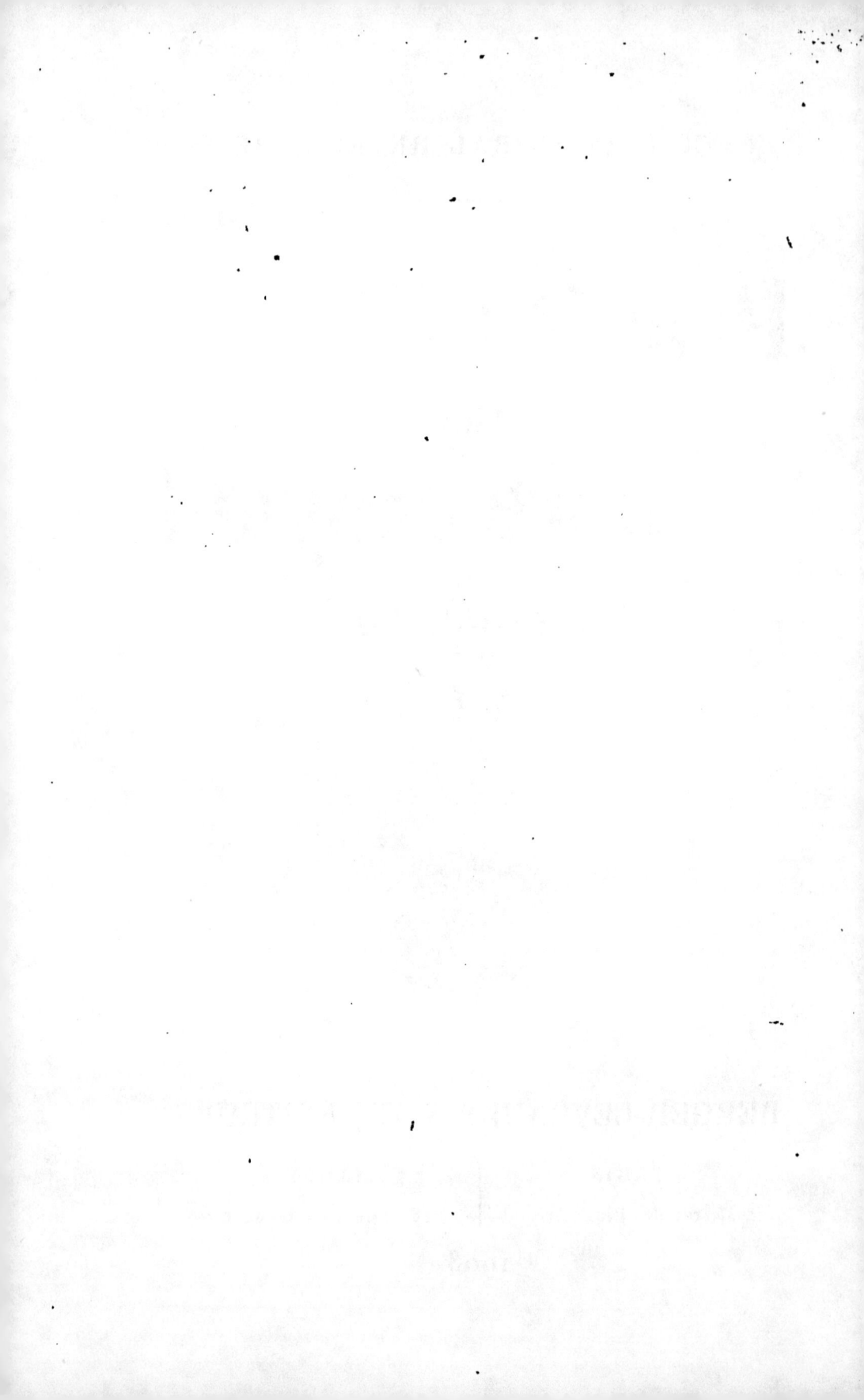

Pensées

d'un

libre croyant

Un médecin d'hôpital, consciencieux observateur
des mœurs et des besoins populaires, me disait :
« Pour élever leurs enfants, les veuves font des miracles ; trop souvent les veufs émigrent en laissant
leurs enfants sur le pavé. »

*
* *

Si le pessimisme est l'époux de l'oisiveté, le travail nous réconforte. Comme le dit un vieux vaude-
ville : « Cette maxime n'est pas neuve, mais elle
est consolante. »

Je connais une marchande de légumes dont le
visage inspire tout d'abord le respect par un grand
air de bonté sereine. Restée veuve avec quatre

enfants, elle avait pour sœur cadette une veuve qui mourut en laissant trois enfants. Jugeant le moment peu propre aux lamentations, sans trop s'émouvoir, la brave femme dit simplement en recueillant les orphelins : « Quand il y a pour cinq, il y a pour huit. »

Ces admirables dévouements, assez rares dans la bourgeoisie, sont fréquents dans le peuple féminin de province, là où les modernes doctrines de la fraternité n'ont pas appris que l'on n'avait pas à venir au secours de ses proches, cela étant l'affaire de la commune ou de l'État.

Comme on la plaignait devant moi d'avoir été si cruellement éprouvée : « Bah ! répondit-elle philosophiquement, j'ai trop à travailler pour avoir le temps de me faire de la bile. »

*
* *

Je n'existe que grâce à mes ascendants directs, mes premiers devoirs sont envers eux ; mais eux-mêmes n'existent que grâce à cette association : la société nationale. Nos devoirs nationaux sont donc d'un ordre supérieur à nos devoirs filiaux. Le temps approche où la nation n'existera que par l'humanité ; alors nos devoirs humanitaires deviendront les devoirs suprêmes.

Comment nous acquitterons-nous de nos devoirs envers l'humanité?

Ces devoirs sont nombreux, nombreux aussi les moyens d'acquittement.

En première ligne vient le devoir de rendre à l'humanité ce que nous en avons reçu. D'elle nous tenons la vie physique, la connaissance, la lumière intellectuelle et morale constituant la plus grande part de notre personnalité. Au jour de notre disparition, nous devons avoir rendu à l'humanité une personnalité égale à la nôtre.

L'humanité n'est pas une abstraction, elle se compose de personnes vivantes, de personnes à la fois physiques et morales. Nous devons donc à l'humanité des remplaçants pour le jour où notre tâche terrestre sera accomplie.

L'humanité nous a faits hommes.

Nous devons à notre tour faire des hommes pour alimenter l'humanité, pour lui assurer l'existence et la continuité.

Par le fait d'avoir mis des enfants au monde, nous avons contracté des devoirs envers eux. Nous devons à nos enfants les soins que nous ont donnés nos parents et, en nous acquittant de nos devoirs envers nos enfants, nous nous acquittons de nos devoirs envers l'humanité. C'est le moyen le plus simple et le plus pratique.

Engendrer est un plaisir, ce n'est pas un devoir.

Comme le disait crûment une grande dame du dix-
huitième siècle : Les enfants, ça ne donne de satisfaction que neuf mois avant leur naissance.

Le devoir n'est pas d'engendrer, mais de faire
des hommes.

Faire des enfants pour les mettre à la charge
d'autrui n'est rien moins qu'un devoir. Ce qui importe, ce qui est le devoir, c'est de rendre à l'humanité la quantité de capital matériel, intellectuel
et moral que nous avons reçue d'elle.

On peut hériter de charges de famille qui vous
exonèrent des charges du mariage ; on prend alors
à son compte le fardeau d'un autre qui a succombé
en route. Vous acquittez votre dette en acquittant
la sienne.

On peut éviter les charges de la paternité en se
dévouant à des devoirs sociaux. Le célibat n'est
admissible que pour qui accepte des devoirs aussi
pesants que les devoirs de fondateur d'une famille.

*
* *

Pour la raison, Dieu ne sera jamais qu'une hypothèse — pour la science, il est une hypothèse inu-
tile et encombrante — pour la conscience, il est
une certitude et un besoin.

*
* *

Le philosophe croit posséder en lui-même la force suffisante pour bien faire — l'homme religieux se sent raffermi par une puissance extérieure qui l'assiste quand il l'implore.

*
* *

Dans l'humanité primitive, comme dans l'animalité, l'intelligence est un moyen; le but est la nourriture de l'individu et la multiplication de l'espèce.

C'est la fin de l'humanité qu'entrevoyait Bonald quand il a dit : « L'homme est une intelligence servie par des organes. »

*
* *

Les matérialistes se recrutent volontiers parmi les médecins et les naturalistes; ils croient avoir pénétré le mystère humain parce qu'ils ont disséqué un cadavre ou étudié à fond l'embryologie des némertes.

*
* *

Le progrès est d'abord le produit de cette inconsciente évolution qui régit la nature; il est, en somme, depuis peu, l'œuvre de notre raison et de notre liberté.

*
* *

Les lois des astres ne les régissaient-elles pas avant Képler ?

Pouvons-nous plus inventer les lois économiques que les lois astronomiques ?

Nous découvrons lentement les lois sociales, comme nous découvrons lentement les lois naturelles. Nous ne pouvons pas plus inventer les unes que les autres. En notre qualité d'êtres libres, nous pouvons les méconnaître ou les enfreindre, nous n'en sommes pas moins condamnés à les subir.

La loi morale est-elle l'expression de la volonté divine ou le produit de la volonté humaine ? Question vaine, car la liberté est précisément le divin.

La volonté divine est l'absolu vers lequel tend indéfiniment la volonté humaine.

*
* *

Les hommes, en général, mais surtout les meneurs en temps troublés, se rendent peu compte du but vers lequel ils tendent.

Le spiritualisme le plus pur était au bout du culte de la Raison.

En réalité, dans le culte de la Nature de Hérault de Séchelles (retour au culte des primitifs) ou le culte de la Raison (né en province, défiguré à Paris par Hébert), il y avait un sentiment religieux plus

fécond que dans le froid culte officiel de l'Être Suprême de Robespierre.

*
* *

L'évidence est chose très relative et toute per-
sonnelle; ce qui est évidemment vrai pour l'un est
évidemment faux pour l'autre : pour le botaniste,
la fleur est évidemment une branche avortée,
comme le pétale une feuille dégénérée. Cette vérité, de toute évidence pour le savant, est certainement contraire au bon sens du commun des mor-
tels.

*
* *

Il nous est impossible de concevoir un monde
extérieur autre que celui que nous avons sous les
yeux. Au contraire l'homme conçoit sans cesse un
ordre social différent de celui dans lequel il vit;
c'est la conséquence et la preuve de sa liberté.

L'homme vit à la fois dans le monde de la nature
et dans le monde de la liberté (pour être incompré-
hensible, le fait n'en est pas moins certain); de là
toutes les difficultés, toutes les contradictions,
toutes les antinomies dans lesquelles se débat la
pauvre humanité — c'est à la fois sa misère et sa
gloire.

*
* *

Le nombre des éléments extérieurs agissant sur l'individu est énorme, il augmente sans cesse avec le développement humain.

Néanmoins, on représente assez bien le schéma de la vie humaine par la trajectoire d'un mobile actionné par ces différentes forces : 1° ce mobile est contraint de se mouvoir sur une surface donnée (c'est le milieu ambiant); 2° il reçoit une impulsion initiale (c'est l'éducation); 3° il est pourvu d'un mécanisme autonome (c'est sa volonté).

*
* *

La liberté est spiritualiste — la doctrine de la liberté suppose dans l'homme un principe d'activité qui est l'esprit.

Par essence, le matérialisme est despotique.

Quand il n'est pas le despotisme césarien, il est le despotisme des foules qui mène infailliblement au despotisme de César.

*
* *

La paix de la pensée est le couronnement du bien faire.

*
* *

Les amis de Léon Marillier, le savant qui s'est

particulièrement consacré à l'étude des religions primitives, ont décidé une fondation philanthropique pour honorer sa mémoire.

Une souscription a été ouverte pour rassembler des fonds, dont la gestion est confiée à l'Université de Paris, dans le but de venir en aide à un étudiant de la Faculté des lettres ou de l'École des hautes études.

Ce procédé pour honorer les morts et perpétuer leur souvenir, très pratiqué en Amérique, est un usage éminemment parsi. Chez les Parsis modernes, c'est non seulement une pratique, mais une foi, un dogme que le meilleur moyen d'honorer les morts est de faire en leur nom du bien aux vivants.

Assez de somptueux monuments, assez de Pyramides ! Des fondations utiles en souvenir des morts, voilà ce que réclame la pensée moderne.

*
* *

Depuis Lucrèce (voire avant) il y a des athées ; il y en aura probablement toujours.

L'athéisme, à notre sens, est une infirmité comme une autre ; les athées ne sont pas plus nuisibles que les aveugles. Ils sont à plaindre, voilà tout. Les progrès de la science en augmentent-ils le nombre ?

La science chasse impitoyablement les superstitions, c'est un fait ; mais la question en litige est celle-ci : La science épure-t-elle ou éteint-elle le sentiment religieux ?

Chose de prime abord paraissant singulière, l'athée est souvent (très souvent même) grossièrement superstitieux. Et cela se conçoit : après avoir chassé du monde le principe de liberté, l'athée est tout naturellement conduit à croire au Destin ; or, s'il est une superstition, c'est bien celle-là.

(Le Destin, entre parenthèses, est la divinité des César et des Bonaparte.)

La science et la foi appartiennent à deux domaines tangents, mais différents. La première est souveraine dans le domaine de la Raison ; la seconde, dans le royaume idéal de l'imagination et du sentiment.

Bon gré, mal gré, nous sommes bien obligés de vivre de foi : en somme, que connaissons-nous ? Presque rien de l'imperceptible atome, tourbillonnant au milieu de l'infinité des mondes, sur lequel nous a jetés une force inconnue. De ces mondes innombrables que savons-nous ? Leurs distances (qui sont hors de toutes proportions avec nos facultés d'intuition). Quelques données physiques ou chimiques bien rares, bien limitées, constituent tout le bagage de notre connaissance de l'univers ; de la vie, de la pensée qui règnent dans cette infinie variété céleste, révélée par le télescope, nous ne savons rien.

Et de cet infime savoir humain que sait chacun de nous?

L'astronome sourit de l'ignorance du botaniste et le physiologiste de l'ignorance de l'historien. Tout savant, fier de sa spécialité, regarde de haut ses confrères qui se moquent de sa suffisance. Tous d'ailleurs s'accordent assez bien dans leur dédain du philosophe, qu'ils considèrent comme perdant son temps à construire de petits systèmes, à l'usage des habitants de la lune.

Chaque jour la science fournit aux uns des arguments pour nier l'intelligence suprême, aux autres pour l'admirer, et les arguments des uns ne valent pas mieux que ceux des autres.

*
* *

L'animal s'adapte au milieu, l'homme adapte le milieu à ses besoins.

*
* *

Aujourd'hui, dans l'histoire de la planète, la coquille d'un testacé offre souvent plus d'intérêt que les cendres d'un empereur.

*
* *

Certainement les habitants de Saturne doivent

plaindre les habitants des autres planètes d'être
privés des bienfaits d'un anneau.

*
* *

Qu'entendons-nous, en général, par égoïste?

D'ordinaire nous appelons égoïste l'homme peu
disposé à se sacrifier pour nous.

Quand un individu en accuse un autre d'égoïsme,
très généralement il est le plus égoïste des deux.

*
* *

Ce serait la plus criante des injustices que la
science pût conduire à la connaissance de l'Être
Suprême. Peut-on imaginer une inégalité plus
odieuse que celle qui existerait entre la masse igno-
rante et l'intelligente aristocratie assez éclairée pour
connaître Dieu?

La constitution de l'humanité est plus démocra-
tique.

Le philosophe façonné aux plus hautes spécula-
tions et le fétichiste sont, à cet égard, à bien peu
près logés à la même enseigne. Nous connaissons
mieux le monde extérieur, mais si nous abordons
le monde ultra-sensible, toutes nos conquêtes sur
ce terrain sont purement négatives. Nous ne prenons plus le tonnerre pour dieu, mais de quelle

idée positive démontrée avons-nous enrichi nos connaissances ?

Il n'y a pour personne démonstration de l'existence de Dieu, j'entends un Dieu personnel, vivant et secourable ; mais la foi en ce Dieu, secourable dans le monde moral, récompense d'ordinaire la pratique du bien.

*
* *

Chacun se fait le Dieu qu'il peut, dont rien ne lui garantit la ressemblance.

*
* *

De temps à autre, l'apparition de hautes personnalités morales fortifie les masses dans leur culte plus ou moins inconscient de l'idéal.

Ces grands entraîneurs d'hommes agissent bien plus par leurs actes et par leur vie que par leurs discours ou leur enseignement généralement borné à un petit nombre d'idées très simples, déjà confusément émises, et flottant à l'état vague dans la plupart des consciences. Ils s'adressent beaucoup au sentiment, fort peu à la raison. Leur puissance tient plus à leur personne qu'à leur doctrine.

*
* *

Il appartient à l'homme de développer son intelligence; par le travail, il lui est possible d'en augmenter, non seulement le rendement, mais la qualité.

Cependant l'intelligence humaine, elle aussi, est soumise à la grande loi du balancement organique. Comme les organismes animaux, si elle se développe outre mesure dans un sens, c'est en s'atrophiant dans un autre. Le vrai savant n'atteint son but qu'en se spécialisant, c'est-à-dire en se développant exagérément dans une direction donnée. Il n'y a donc pas lieu de s'étonner si les spécialistes les plus éminents sont, à certains égards, des esprits faux.

C'est la consolation de l'homme médiocre d'être bien équilibré.

*
* *

L'école matérialiste considère notre organisme comme constituant tout le Moi.

L'école spiritualiste affirme l'indépendance du principe spirituel.

La doctrine de l'évolution concilie, sous certains rapports, ces deux tendances opposées.

Le matérialisme suffit, en effet, à l'explication de cette enfance de l'humanité pendant laquelle l'homme, essentiellement passif, est l'esclave du milieu ambiant et de son propre organisme. C'est le temps de l'oppression de l'esprit par la matière, oppression dont il se délivre par de lents efforts.

Le spiritualisme nous indique le but vers lequel tend l'humanité dans son évolution continue : l'affranchissement des fatalités de la nature et des nécessités de l'organisme, c'est-à-dire l'émancipation de l'esprit. Le spiritualisme est donc la doctrine de la fin de l'humanité.

Le déterminisme, affirmation de la passivité, répugnera toujours à l'activité humaine qui se sent libre dans une certaine mesure et aspire à l'être complètement. La souveraineté de l'esprit, comme but suprême, dogme fondamental de l'autarchie, finira par entraîner les masses, invinciblement portées à la poursuite de l'idéal, tout en le comprenant parfois fort mal.

*
* *

« Si Dieu a fait l'homme à son image, l'homme le lui a bien rendu. »

Quoi de plus naturel et de plus légitime?

L'homme, ne pouvant connaître Dieu, est bien obligé de se le figurer; il se le figure comme il peut.

D'abord esclave de la nature, il choisit pour son dieu ce qui l'intéresse le plus dans le monde extérieur. Quand, par un premier progrès, par une cer-

taine puissance de réaction contre ce qui l'entoure,
l'homme comprend son importance dans le monde,
l'anthropomorphisme devient la forme logique de
la religion.

L'anthropomorphisme a revêtu deux formes fé-
condes :

L'humanisme grec — culte de l'art et de la
beauté.

Le Christianisme — culte de la fraternité humaine.

*
* *

Quoi de plus attirant que le Panthéisme ? Il attire
comme l'abîme. Pourquoi ne pas adorer l'Être Suprême sous la forme du Grand Tout ?

Pourquoi ? Du Grand Tout nous ne connaissons
que le déterminisme, le principe libre nous échappe.
Or, le principe libre est précisément l'élément divin.
Nier l'un, c'est nier l'autre. Et le principe libre,
nous ne le trouvons qu'en nous, nous ne pouvons
le trouver qu'en nous. Pour nous, *hommes,* il n'y a
qu'une manifestation de Dieu, c'est la conscience
humaine.

*
* *

L'homme ne sera vraiment libre que quand il

s'inclinera volontairement et par raison devant les lois naturelles.

***

Les cimes neigeuses des Alpes sont d'anciennes vases marines, déposées molécule à molécule par les courants qui circulaient jadis à la surface de l'Océan. Un long travail s'opéra dans les profondeurs de l'abîme avant qu'un soulèvement séculaire les mît au jour.

Dans l'ordre social et surtout dans l'ordre intellectuel, les changements lents et graduels parviennent à donner, avec le temps, des résultats plus surprenants encore que dans l'ordre géologique.

***

Le progrès est l'extension du pouvoir de l'homme sur la nature, l'extinction de l'autorité de l'homme sur l'homme, la victoire de l'esprit.

La conquête, qui est l'asservissement de l'homme, est la forme la plus rétrograde du retour au passé.

***

La bête humaine vit de pain, l'homme vit de liberté.

***

Le diable a certainement rendu de bons et loyaux services; qu'on le décore, mais il est temps de lui régler sa retraite.

*
* *

La religion est l'union de l'âme individuelle à l'âme universelle.

*
* *

Je ne sais rien, mais il y a une chose dont je ne puis douter, c'est la souveraineté de l'esprit.

*
* *

La religion est une solution de l'énigme du monde et de la vie, solution nécessairement provisoire, parce qu'elle est une fonction de la civilisation ambiante.

Pour rester invariable, une religion doit végéter dans un milieu figé.

La solution de la triple énigme : « D'où viens-je? Que suis-je? Où vais-je? » se trouvant au delà de nos moyens de connaissance, nous en sommes réduits à suppléer notre ignorance par des hypothèses variant avec l'étendue de notre savoir si limité.

*
* *

Image   Pensée
Glace réfléchissante — Objet   Moi — Non-moi.
Lumière   Dieu

Dieu est le milieu dans lequel baignent le Moi et le Non-moi.

*
* *

Pour les primitifs, les dieux sont l'explication de tout ; pour les civilisés, Dieu n'est l'explication de rien dans l'ordre physique.

Dieu, cause de tout, n'est l'explication de rien.

Nous, *hommes*, nous sommes inévitablement conduits à séparer la Nature et le monde de la liberté. Pour nous, *hommes*, Dieu n'a rien de commun avec le monde de la nature, s'il est le fondement nécessaire du monde de la liberté.

*
* *

L'idée dérive d'une image, la sensation précède l'idée.

C'est par la sensation que le Moi prend conscience de son existence, c'est par l'action qu'il prend conscience de sa liberté.

*
* *

Mon corps est nécessaire à la manifestation de mon Moi, mais il n'est pas mon Moi.

L'Univers est nécessaire à la manifestation de Dieu, mais il n'est pas Dieu.

***

Suivant Tyndall, la valeur pécuniaire des travaux de Pasteur est supérieure à l'indemnité de guerre payée par la France à l'Allemagne.

Et quand le savant anglais disait cela, il ne parlait que des travaux du savant français sur les maladies des vins et des bières ; la doctrine pastorienne n'avait pas encore donné ses résultats les plus féconds.

Pasteur a déjà sauvé autant de gens qu'un conquérant peut en détruire.

D'où l'on arrive à cette conclusion consolante : un seul savant, avec son microscope, peut faire autant de bien que beaucoup de généraux commandant beaucoup de soldats, avec beaucoup de canons, le tout conduit par un homme soi-disant providentiel, peuvent faire de mal.

***

L'orgueil démesuré et l'ignorance stupide prétendent seuls à la connaissance de l'absolue vérité.

L'orgueil et l'ignorance s'accouplent d'ailleurs très volontiers dans le même cerveau.

*
* *

Beaucoup de gens se révoltent quand ils entendent nous donner des singes pour ancêtres. Pourquoi? Chacun de nous n'a-t-il pas été un fœtus assez malpropre, vivant, comme dit Voltaire, entre l'urine et la matière fécale?

On doit se montrer fort modeste, quand on songe à la porte par laquelle nous faisons notre entrée dans le monde.

Dans les états successifs de l'embryon humain, nous retrouvons la récapitulation mystérieuse des formes antérieures de l'humanité qu'elles préparaient.

*
* *

Nous entendons, le plus souvent, par *hasard* les conséquences graves d'un acte indifférent pour notre raison. Suivant que, sans motif raisonné, je fais quelques pas à ma droite où mon attention est attirée par un objet d'une insignifiance absolue, je suis écrasé par une automobile.

Là où il n'y a pas intervention de ma volonté, il

ne peut y avoir de hasard --- car l'ordre est alors régi par la souveraine loi de la mathématique.

Arrivé aux limites plus qu'ordinaires de la vie, quand je jette un regard en arrière, je considère avec stupéfaction l'immense influence de quelques menus faits sur le cours entier de ma vie. C'est cette influence de menus faits dans lesquels la raison n'entre pour rien que nous appelons Hasard, Destin, Providence, selon notre tempérament.

*
* *

La doctrine de l'évolution est, en morale, la doctrine de la perfectibilité de la conscience humaine — en religion, la doctrine de la révélation permanente.

*
* *

Le repos n'est pas de ce monde, pas plus dans l'ordre intellectuel, moral ou religieux que dans l'ordre physique. Il n'y a pas un atome qui ne soit en perpétuelle vibration et, de plus, emporté dans l'universel tourbillon.

C'est la gloire de l'homme, l'horreur du repos intellectuel; son aiguillon est le dédain de ses œuvres de la veille.

*
* *

Comment l'idée de liberté pourrait-elle naître dans un être qui n'est pas plus ou moins libre?

*
* *

Faites le bien et il y aura beaucoup de chances pour que vous croyiez en Dieu.

*
* *

Par *conscience,* on n'entend généralement pas la conscience calédonienne qui permet de festiner de temps à autre, en faisant passer, au four canaque, une femme de la tribu.

On entend par conscience la *conscience éclairée.*

Éclairée par quoi?

Par l'évolution de l'humanité.

*
* *

L'expérience démontre que le meilleur moyen d'être le moins malheureux possible est encore de vivre pour autrui — probablement parce qu'on souffre moins du mal des autres que de son propre mal.

*
* *

L'athée est un homme qui juge que si Dieu n'est pas à ses ordres, il vaut mieux s'en passer.

*
* *

Dans l'acception vulgaire du mot *domestique,* nous demandons un dieu domestique.

Les primitifs nourrissent leurs dieux, nous voudrions un dieu qui nous serve gratis.

*
* *

Comme il nous est impossible de mesurer Dieu, nous nous faisons un dieu à notre taille.

*
* *

Un Martiniquais, habitant Paris, m'a adressé une lettre de deuil faisant connaître la perte des membres de sa famille, le 8 mai, à Saint-Pierre. Cette liste funèbre comprenait cinq personnes et trois familles : père, mère, enfants.

En songeant à cette trombe de feu qui a tué trente mille personnes en quelques minutes, j'ai été repris de mes velléités d'athéisme.

Ce n'est pas une consolation de penser que cette catastrophe affecte bien peu l'ordre terrestre et pas du tout l'ordre universel. Il n'est pas impossible d'ailleurs que ce désastre n'ait dans l'ordre physique des conséquences bienfaisantes que nous ignorons; c'est même probable, mais il importe peu aux victimes.

Autant que nous en pouvons juger, l'univers est journellement le théâtre de bien d'autres souffrances. Le télescope nous rend témoins, non plus de la destruction d'une petite ville, mais de systèmes solaires tout entiers. Et si, comme il est vraisemblable, la somme de douleurs est proportionnelle à l'étendue de la catastrophe, les phénomènes de la Martinique ne sont pas même dignes d'attention.

Du reste, le problème est le même, qu'il s'agisse d'un monde disparaissant dans un cataclysme céleste ou d'une fourmilière emportée par la crue d'un torrent.

Oui, la nature est athée.

Quand il s'agit de l'espèce humaine, on peut, à la rigueur, trouver un argument dans la liberté; je comprends la souffrance comme rançon de la liberté. Mais pourquoi souffre-t-il, l'être qui n'est pas un être moral?

Si, devant la nature, je nie Dieu, je le proclame devant les grandes personnalités morales de l'histoire, et plus haut encore peut-être devant ces actes sublimes de dévouement populaire dont nous avons journellement sous les yeux le spectacle réconfortant.

Le doute est, à certains égards, le cachet de la grandeur humaine. Comme l'a dit si justement Proudhon : « Après la constance de la vertu dans l'adversité, il n'est rien de si grand que la constance de la raison dans l'incertitude. »

Serais-je vraiment libre, si je n'étais douteur ?

C'est la grandeur·de l'homme .de faire le bien sans la perspective d'une récompense assurée et d'éviter le mal sans la certitude du châtiment.

D'autre part, il est bon de croire à la réalité d'un secours moral quand nous l'implorons : car ce secours moral vient à notre appel ; c'est un fait. Que ce fait résulte d'une immédiate intervention divine ou soit un simple effet d'auto-suggestion, peu importe ; les lois de l'auto-suggestion, comme toutes les lois, sont des formes de la volonté divine.

Dieu (comme le comprend notre intelligence bornée et fatalement anthropomorphiste) ne s'occupe peut-être pas de nous, mais *il a établi cette loi* que qui l'invoque est moralement fortifié par cette invocation même.

Le vrai douteur ne nie ni n'affirme le contenu des grands problèmes métaphysiques — il se demande toutefois comment ce contenu a pu se présenter à l'esprit humain, s'il est dépourvu de toute réalité — il se demande si le développement de la matière organique passe par un Pascal ou un Descartes pour aboutir à un fiasco.

Confiant dans le Suprême Être, insaisissable pour
son intelligence, il se borne à redire avec le grand
poète de la liberté morale :

Faisons notre devoir et laissons faire aux dieux.

*
* *

Pourquoi tenons-nous tant à un dieu magicien ?
Probablement parce qu'au lieu de nous incliner
devant les lois de l'Être Suprême, nous aimerions
mieux le voir satisfaire nos caprices.

*
* *

Le monde se conserve par les partisans de la
raison pratique, il progresse par les partisans de
la raison pure.

*
* *

Le citadin est plus porté vers le matérialisme
que le campagnard : le premier n'a sous les yeux
que les œuvres humaines ; le second se sent en face
d'une œuvre qui n'est pas de lui.

L'homme des campagnes voit Dieu dans le monde
extérieur, monde qui l'écrase par sa grandeur ; car,
devant les scènes imposantes de la nature, on se

sent en présence d'un pouvoir immense ou l'on se
sent pénétré par les effluves d'un être mystérieux.

Le citadin, au contraire, exalté par le spectacle
de ses propres œuvres, est obligé de faire un retour
sur lui-même et de retrouver Dieu dans sa propre
intelligence, ce qui est plus difficile, mais aussi
bien autrement concluant.

*
* *

Les voies de l'absolu sont infiniment diverses et
toute façon de se les représenter n'est qu'un mi-
rage.

*
* *

« Nous pouvons hardiment prétendre, dit Vir-
chow, que parmi les hommes actuellement vivants,
il existe un beaucoup plus grand nombre d'individus inférieurs que parmi les fossiles quater-
naires. »

Très certainement les dessinateurs du renne
paissant ou du renne humant sa femelle n'étaient
pas les premiers venus. Leurs crânes, d'après Vir-
chow, correspondent bien à l'idée que nous donnent de leurs facultés intellectuelles leurs gravures
et leurs sculptures.

La civilisation élève et conserve un nombre con-

sidérable de crétins incapables de soutenir la lutte
pour l'existence à l'état de nature.

A l'époque quaternaire, il n'existait ni Pascal ni
Descartes, mais elle ne possédait ni Troppmann ni
Vacher.

*
* *

La fixité n'existe nulle part, ni dans le monde
physique, ni dans le monde intellectuel et moral, ni
dans le monde religieux. Il faut en prendre notre
parti, nous vivons sur un sol mouvant. Et la Terre,
jouet de plus de dix mouvements divers, roule
indéfiniment entraînée par le Soleil vers Hercule...
dans quel but?

Si nous étions absolument libres, l'histoire serait
un tableau de désordres sans raison.

Nous ne sommes pas absolument libres, nous
nous acheminons vers un but divin.

Les péripéties de l'histoire composent le drame
de la lutte entre les volontés humaines et la volonté
divine qui doit forcément prévaloir.

*
* *

Le sauvage qui pousse des cris rauques a le
même appareil vocal et le même appareil auditif
que la Malibran, mais il ne sait pas s'en servir.

Il n'y a physiquement aucune différence constitutionnelle entre le civilisé et le sauvage.

L'homme est le seul animal chez qui il n'y ait pas accord entre les organes et la mentalité ; seul il a des organes dont il ignore toutes les applications, seul il a des organes susceptibles d'un usage ultérieur.

*
* *

De ce qu'Homère n'a jamais parlé du bleu, des savants d'outre-Rhin ont conclu que les Grecs, aux temps homériques, avaient l'œil moins perfectionné que nous.

Je crois bien que le chien voit le bleu sans en avoir jamais parlé.

D'après certaines expériences, nous devons supposer les araignées daltoniennes.

Les Canaques, avant la fréquentation des Européens, n'avaient pas non plus de mots pour les sept couleurs, ils n'en avaient pas moins une vue excellente. Leur a-t-il suffi de nous connaître et d'apprendre sept mots pour se perfectionner les yeux ? Ils connaissaient encore bien moins les sept notes de la gamme, en avaient-ils l'ouïe moins fine ?

Entre percevoir des impressions et les analyser, il y a un monde.

*
* *

Le sauvage a sans doute la même conscience fondamentale que nous, comme il a le même appareil vocal. Si les sentiments d'humanité lui sont étrangers, il pratique, à bien peu près, la justice élémentaire des anciens Hébreux.

Si l'habit ne fait pas le moine, il fait le civilisé plus qu'on ne croit.

*
* *

La science est l'étude de la nature, c'est-à-dire du déterminisme et de la fatalité.

Le domaine humain est, au contraire, le domaine de la liberté.

Ceci explique pourquoi, en général, les savants connaissent si peu l'homme.

*
* *

Ce serait assurément fort commode un dieu qu'il suffirait de prier pour être servi ; malheureusement nous vivons sous le pouvoir d'un Dieu-Maître et ne disposons pas du moindre dieu-serviteur.

*
* *

Nous avons droit d'être fiers des progrès du siècle écoulé et de ceux que le nouveau siècle

annonce; je comprends cette fierté et la partage
pleinement, mais je ne m'explique pas la tendance
matérialiste d'une époque où l'intelligence rayonne
avec tant d'éclat.

*
* *

Dans sa « Critique du Jugement », Kant cite un
sachem iroquois à qui rien ne plaisait à Paris, que
les boutiques de rôtisseurs. En Calédonie, je me
donnai une peine infinie pour montrer mon navire
à un chef canaque, sans le moindre succès; canons,
machines, mâture... le laissèrent tout à fait indifférent, mais je ne pus l'arracher à la contemplation
des cuisines.

*
* *

Qu'est l'homme religieux du XXᵉ siècle ? C'est
l'homme qui distingue le monde de la nature du
monde de la liberté : le premier régi par des lois
que le raisonnement nous découvre; le second régi
sans doute par des lois non moins positives, mais
inaccessibles pour notre raison en tout ce qui ne
concerne pas la conduite de notre vie.

Pour l'homme religieux, Dieu (qu'il ne peut ni
connaître ni même imaginer) est une source de
forces pour l'accomplissement du bien où il peut

puiser par la prière. C'est un fait incompréhen-
sible, mais c'est un fait. La caractéristique de
l'homme religieux est sa foi dans la prière pour
l'amélioration de son moi.

Absolument convaincu de l'inutilité de toute sup-
plication dans l'ordre naturel, il ne demande d'ad-
juvant qu'à la science et, lorsque la science est
impuissante, il se console en répétant la parole sa-
crée : « Mon Dieu, que votre volonté soit faite ! »

A ses yeux, implorer l'intervention divine pour
toute autre chose que l'obtention d'un secours
moral, est du paganisme pur.

*
* *

Le mysticisme est l'union intime avec le divin.
Mais, trop souvent, en voulant s'élever jusqu'à
Dieu, on s'expose au sort d'Icare.

*
* *

Dans son enfance, l'humanité espère fléchir par
des invocations la sourde nature ; plus tard, elle
apprend à la dompter par un usage intelligent de
ses lois.

C'est la noblesse de l'homme instruit de ne
compter, dans le danger, sur aucun secours surna-
turel, de lutter avec les seules ressources de son

énergie et de son intelligence; enfin, s'il est impuissant, d'accepter l'épreuve avec courage en demandant à Dieu l'appui dont sa faiblesse a besoin pour la supporter dignement.

*
* *

Est-il déraisonnable de recourir à la prière dans une périlleuse entreprise?

Cela dépend.

Si nous demandons l'aplanissement des difficultés, la suppression des obstacles, notre prière est vaine et, dans ce cas, l'inutilité de la prière peut amener le découragement.

Si nous demandons avec une foi intense le courage de faire notre devoir, sans arrière-pensée intéressée, sans autre pensée que l'accomplissement du devoir pour le devoir lui-même, notre prière est efficace et peut avoir une influence réelle sur le cours des événements.

*
* *

Qu'est-ce que cet amour de la toilette si prononcé chez le sauvage, sinon le sentiment qu'il est un être inachevé, auquel il incombe de se compléter lui-même.

*
* *

Le développement de notre personnalité est la raison même de notre vie.

*
* *

A part la pure doctrine de Jésus aux bords du lac de Tibériade, les religions cherchent à nous gouverner par la peur; mais la peur est démoralisatrice. Une moralité obtenue par la peur est-elle bien une moralité? Au lieu de l'horreur de mal faire, le résultat est le plus souvent une lâche terreur de la mort.

*
* *

Il y a un ordre naturel nécessaire, parce que la nature est soumise à une intelligence sans caprices.

*
* *

La science est le domaine de la raison.

La religion est le domaine de la foi.

La science est du domaine de la contrainte : bon gré, mal gré, il faut nous incliner devant la vérité scientifique.

La foi est du domaine de la liberté : rien ne peut nous obliger à croire.

Nous ne pouvons rien croire de contraire à la

science; la science exerce sur la foi un contrôle légitime.

Par son essence même, la science ne peut nous indiquer ce que nous devons croire; elle nous renseigne sur ce que nous devons nous refuser à croire.

Après examen sévère de ses moyens de connaissance, la science se reconnaît impuissante à connaître les grands problèmes de l'esprit.

La raison, guidée par la science, ne se montre ni bienveillante ni hostile aux deux doctrines opposées : matérialisme, spiritualisme; elle se tait et cède sa parole à la conscience, à l'imagination et au sentiment.

*
* *

Il faudrait être dénué de toute raison pour méconnaître en notre siècle la grandeur de la science — non vraiment, elle ne fait pas banqueroute.

Mais, si la chose était possible, il y a des gens qui vous la feraient prendre en grippe par leurs outrecuidantes prétentions. Elle est admirable dans son domaine, mais le bon sens crie : Halte-là! aux gens qui veulent, au nom du déterminisme scientifique, renier notre liberté morale et supprimer par suite notre activité.

En somme, que pouvons-nous savoir, nous au-

tres, pauvres insectes bourdonnant sur ce petit tas
d'immondices qu'on appelle la Terre?

Quelle inconscience de l'Univers!

Le plus grand résultat de la science — ce résultat, il est vrai, n'est pas mince — est de mettre
sous nos yeux notre néant.

Si nous ne sommes pas des êtres libres, si nous
ne sommes pas appelés à connaître d'autres mondes, si nous ne sommes pas le germe de nouvelles
connaissances et de nouvelles pensées, nous sommes moins que rien.

*
* *

Si, me trouvant en pleine campagne, je fais une
petite tache sur une lame de verre et que je la
mette à environ un pied de mon œil : quand je
regarde la tache, le paysage m'apparaît comme une
masse confuse; je le vois si mal, qu'à vrai dire je
ne le vois point.

Quand, sans avoir fait aucun mouvement, je
regarde le paysage, tous ses détails m'apparaissent
avec une netteté parfaite; mais maintenant la
tache, que je voyais avec des contours si précis,
me gêne, trouble ma vue; c'est elle, à son tour,
que je ne vois plus.

Ainsi, mon œil, docile à ma volonté, s'accom-
mode à voir tantôt près, tantôt loin; insconsciem-

ment, ma volonté fait jouer le mécanisme nécessaire à cette accommodation.

Si la science superficielle tend à faire considérer l'homme comme un être passif, de plus en plus la science approfondie nous le montre comme un foyer d'activité. La doctrine du déterminisme est à la surface de la science, la doctrine de la liberté est au fond.

*
**

5oo ans avant J.-C., Parménide avait inventé une physique. D'après lui, il y a deux principes : l'un subtil et chaud, l'éther ; l'autre pesant et froid, la terre ou la nuit. Le premier est actif, le second est passif.

Rédigeons cette opinion en style moderne : il y a dans la nature deux éléments : l'éther impondérable, la matière pondérable. Le premier est l'agent nécessaire aux manifestations du second ; la forme de ces manifestations, c'est l'énergie.

Et nous aurons ainsi résumé le savoir actuel : Matière, Éther, Énergie, qui sont les trois agents de l'Inconnu suprême, l'Esprit.

*
**

Nous contemplons des astres depuis longtemps

disparus, nous ne percevons pas encore les astres nouveau-nés.

Nous ne voyons pas un astre à sa place, il a marché pendant qu'il nous dardait sa lumière.

Le firmament que nous admirons n'a rien de réel.

Le monde perçu par nos sens est une perpétuelle duperie et nous n'y voyons un peu clair qu'avec les yeux de l'esprit.

*
* *

La réalité déborde nos moyens de connaître; quelle infime portion du réel nous révèle la sensation !

*
* *

Quand une chose n'a pas encore de nom, elle n'est pas sortie du chaos.

Les langues primitives, premiers vagissements de l'espèce humaine, sont d'une pauvreté dont nous pouvons difficilement nous faire une idée. Elles étaient pauvres comme les cerveaux de nos premiers parents.

La Parole fait jaillir l'harmonie du chaos.

Humainement, rien n'existait avant le Verbe. Le

Verbe est bien le créateur du monde dans lequel l'homme (pas la bête humaine) vit et pense.

*
* *

La théorie évolutionniste n'est plus contestable ; mais ce qui est incontestable aussi, c'est que, dans l'ordre de nos connaissances, il reste un culot irréductible à l'analyse évolutionniste.

*
* *

S'il y a une chose évidente au monde, c'est que le Soleil tourne autour de la Terre ; elle n'en est pas moins fausse pour cela.

Il faut se défier des évidences, trop souvent contraires à la vérité.

Derrière ce que l'on voit, il y a quelque chose qu'on ne voit pas ; et cet invisible, cet inconnu ou même cet insoupçonné trouble notre jugement sur ce que nous voyons.

La fameuse parabole de Bastiat « Ce que l'on voit et ce qu'on ne voit pas » n'est pas seulement vraie en économie politique : en tout et partout, ce que nous ne voyons pas fausse notre jugement sur ce que nous voyons.

La plupart de nos maux politiques ont leur origine dans les fausses évidences.

La science et le travail intellectuel détruisent journellement un tas d'évidences, et l'ignorant se tord de rire devant les évidences du sachant.

*
* *

La précession des équinoxes, la ligne des pôles, l'équateur... sont-ils des réalités ou de pures créations de notre esprit ?

Les deux thèses peuvent se soutenir ; elles sont également vraies selon le point de vue.

*
* *

Le monde extérieur n'est pas le même pour un sauvage, pour un Athénien du temps de Périclès, pour un membre de l'Institut.

Le monde extérieur — tel que nous le percevons — est le produit d'une longue élaboration de notre intelligence.

. C'est l'esprit qui fait surgir le monde du chaos.

· C'est l'intelligence qui crée une seconde fois l'univers en chacun de nous.

*
* *

L'arc-en-ciel (qui n'existe, comme chacun sait, que depuis Noé) est très propre à nous faire sentir la part de la subjectivité dans les phénomènes, puisque chaque observateur voit *son* arc-en-ciel, lequel est autre que celui de son voisin. Il suffit même d'une médiocre différence de niveau dans les situations de deux observateurs pour qu'ils voient des arcs-en-ciel sensiblement différents.

Le grondement du tonnerre est une pure illusion de nos sens, l'explosion de la foudre est, en effet, instantanée dans toute son étendue. Cette explosion instantanée donne l'illusion du roulement, parce qu'elle éclate sur des points différemment distants de l'observateur et que le son parti de ces points met des temps différents à lui parvenir.

*
**

Le caractère de la matière est l'impénétrabilité et l'étendue ; peut-on l'appliquer à l'éther ?

*
**

Il fut un temps (ce temps n'est pas bien éloigné de nous, c'est l'époque de Galilée, de Pascal, de Torricelli) où l'on avait sur l'air des idées certainement plus vagues que les nôtres sur l'éther.

Sans doute, les observateurs, en voyant ployer une branche, croyaient à un quelque chose manifesté par le vent (ce quelque chose fut d'abord un dieu). Les vents, la respiration, pouvaient seuls faire supposer l'existence de cet intangible invisible.

La visibilité semblait la condition même de l'existence, d'où le dicton populaire : « Pour croire, il faut voir » (si les dieux étaient fréquemment invisibles pour les hommes, l'invisibilité n'était point l'état normal de leur corps de chair).

Après Pascal, la condition d'existence devint la pesanteur. L'air étant reconnu pesant, l'existence d'une matière invisible, impalpable et néanmoins pondérable était démontrée.

Les expériences de Young et de Fresnel manifestèrent les mouvements de l'éther aussi évidemment que le baromètre avait montré la pondérabilité de l'air.

En ergotant, peut-être pourrait-on soutenir la visibilité de l'éther à titre d'agent de tout phénomène lumineux.

A la suite de ces manifestations de l'existence :

$$\text{Matière} \left\{ \begin{array}{c} \text{Solide} \\ \text{Liquide} \\ \text{Gaz} \end{array} \right\} \text{Pesanteur}$$

nous sommes conduits à placer l'impondérable éther, âme de l'univers physique.

L'homme n'a d'abord connu que la matière solide ou liquide, tangible ou visible.

Mais l'étude des religions de tous les primitifs nous démontre que, dans la matière, ils voyaient la forme, l'organe, le corps d'un esprit.

Le phénomène de la flamme cependant leur donna l'idée de l'impondérable (idée fausse d'ailleurs, la flamme étant tout simplement un gaz à haute température).

Dès qu'on connut les gaz (une découverte d'hier), il fallut bien leur attribuer le premier rôle dans la nature.

L'éther, comme importance dans le monde physique, à son tour détrôna les gaz, comme les gaz avaient détrôné la matière tangible.

Comment agissons-nous puissamment sur la matière ? Au moyen de l'éther.

L'éther est le grand intermédiaire entre l'intelligence et la matière. C'est au moyen de l'éther que l'esprit dompte le monde sensible.

La démonstration de l'importance de l'éther nous sort du domaine de la matérialité brutale, il est comme le parvis du temple à jamais fermé où trône l'esprit.

*
**

Dans le monde extérieur, la somme de matière et la somme d'énergie sont constantes ; dans le

monde de l'esprit, qui est le monde réel, l'accrois-
sement nous paraît devoir être éternel.

*
* *

On peut suivre, au milieu d'une conversation,
les paroles d'une personne dont le discours vous
intéresse, et négliger les impressions produites sur
l'oreille par d'autres voix. Dans l'impression,
l'homme est passif; dans la sensation, il est plus
ou moins actif.

*
* *

Bien qu'il n'y ait pas plus de centre que de limites à l'Univers, la terre est forcément pour nous
le centre de l'Univers. C'est une illusion à laquelle
nous ne pouvons nous soustraire.

Nous voyons quantité de constellations, la Grande
Ourse, Cassiopée, Orion..., les astérismes du Zo-
diaque, qui n'existent que pour les habitants du
système solaire. Pour les observateurs des autres
systèmes stellaires, ces groupements d'étoiles n'existent pas du tout; de tout autres constellations bril-
lent dans leur firmament.

*
* *

Les jouissances infinies que procure la science

sont de l'ordre de celles qu'éprouve une intelligence quand elle entre en relations avec une intelligence supérieure.

La science est la communion entre l'intelligence humaine et l'intelligence divine.

*
* *

La sensation est la conscience d'un mouvement dans un de nos organes.

Car il faut bien aboutir à la conscience, quoi qu'on fasse. C'est une inconnue assurément, mais une inconnue dont l'existence est certaine. Son existence est même la seule chose dont nous soyons absolument certains.

Comment la conscience humaine jaillit-elle de la conscience animale ? Par l'évolution, répondent volontiers quelques-uns. Je ne dis pas non. Mais l'évolution est-elle un mécanisme se suffisant à lui-même ?

*
* *

Sans le secours des sens, par la seule puissance du calcul, c'est-à-dire par une vue de l'esprit, Le Verrier a certainement eu de Neptune une notion plus claire que Gall, quand celui-ci découvrit la planète au bout de son télescope.

*
* *

Il semble aujourd'hui démontré que l'antenne des insectes n'est l'organe ni du toucher, ni de l'odorat, ni de l'ouïe, qu'elle est l'organe d'un sens que nous ne possédons pas et dont, par suite, nous n'avons aucune idée.

Si l'intelligence de ces petits êtres se développait assez pour leur permettre d'édifier des sciences, ces sciences (mathématiques pures à part) différeraient singulièrement des nôtres.

Or, il est vraisemblable, pour ne pas dire certain, qu'entre les humanités des autres planètes et l'humanité terrestre, il y a une dissemblance dans les organes au moins aussi grande qu'entre les insectes et nous.

*
* *

L'éther est l'intermédiaire nécessaire entre la matière proprement dite et la vie. Il est l'agent indispensable à toutes les manifestations de la matière, il est l'agent de la lumière, de l'électricité, il est l'agent de toutes les formes de l'énergie.

*
* *

Ceux qui considèrent l'esprit comme la résultante du fonctionnement de nos organes (la pensée, disent-ils, est une sécrétion du cerveau) ressem-

blent à des gens qui, voyant fonctionner une machine, s'imagineraient qu'elle produit le calorique
moteur.

*
* *

Quand je vois passer fièrement dans la rue une
jolie femme, je me demande si c'est simplement
une combinaison d'air et d'eau (d'eau pour huit à
neuf dixièmes), plus un peu de phosphate de chaux
et quelques autres ingrédients de minime importance. Et, malgré moi, je me dis : L'être que je vois
marcher ainsi est un gracieux fantôme, simple ap-
parence de l'être réel qui échappe à mes facultés
d'intuition.

*
* *

A. Comte a donné la pesanteur comme criterium
de l'existence, il se moquait de l'éther.

Le raisonnement seul nous a fait soupçonner
l'existence de l'éther; puis nous sommes parvenus
à lui faire produire le phénomène des franges, démonstration catégorique de la théorie des ondes
lumineuses, devenue depuis d'un usage courant.

La spectroscopie stellaire, conséquence de la
théorie, nous a permis de mesurer la vitesse avec
laquelle s'approchent ou s'éloignent de nous les
étoiles dans la direction du rayon lumineux qu'elles
nous envoient.

Connaissons-nous la nature de l'éther? Certes
non.

En est-il autrement d'ailleurs de la matière pondérable? D'elle non plus, nous ne connaissons pas
l'essence, nous ne connaissons que ses manifestations.

Et si nous ne connaissons jamais les choses en
elles-mêmes, mais seulement leurs effets, quelle
existence est plus certaine que celle de l'esprit?

*
* *

Il y a un abîme entre la réalité connue et la
réalité réelle.

Qui ne comprend pas cela, n'a jamais contemplé
les étoiles.

*
* *

L'autarchie intellectuelle signifie que l'esprit a
sa règle en lui-même et soumet tout au contrôle de
cette règle intérieure.

*
* *

Pour qu'il y ait pensée, il faut un sujet pensant
et un objet à penser. Le sujet n'aperçoit l'objet

qu'au moyen d'une lumière dans laquelle baigne l'objet.

Pour nous, hommes, Dieu est la lumière nécessaire à la vision intellectuelle des objets par le sujet.

De là cette triade imposée à mon intellect :

Sujet   Objet

Dieu.

Pour voir, il me faut tout d'abord l'appareil de vision appartenant à ma personne — il me faut un objet à voir — il faut l'éther qui comprend tout et pénètre tout, pour établir la communication entre mon appareil visuel et l'objet.

Moi, homme, je ne puis me figurer Dieu, l'être en réalité inconcevable, que comme l'éther du monde intellectuel et moral.

*
* *

C'est notre intelligence qui extrait la houille de la terre. Cette houille eût dormi indéfiniment inactive, si elle n'avait été arrachée à l'inaction par le moteur suprême, l'intelligence, qui rend aux espaces célestes l'énergie solaire emmagasinée dans les forêts des temps géologiques.

Plus tard, j'en ai la conviction, la science confirmera cette vérité vaguement perçue : l'esprit entretient non seulement la vie, mais le mouvement.

*
* *

Par le seul raisonnement, le mathématicien Ohm
découvrit les lois de l'électricité qui portent son
nom. Pendant trente ans, les physiciens refusèrent de
les admettre. Avaient-ils tort? Non, certes. Tant
que l'expérience n'avait pas confirmé la théorie, ils
avaient le droit de tenir ces lois pour suspectes.
Leur devoir était d'instituer des expériences pour
infirmer ou confirmer ce qui n'était encore qu'une
hypothèse. Ainsi fit le physicien Pouillet, dont la
France n'est pas assez fière. Nous avons là un magnifique exemple du rôle des mathématiques, qui
est de prévoir ou de découvrir, mais dont les pré-
visions et les découvertes doivent être contrôlées
par l'expérience. Elles donnent, en effet, parfois des
résultats faux, non qu'elles se trompent (elles ne
se trompent jamais), mais parce que l'on a négligé
quelque élément dans la position du problème.

De même, quand Le Verrier annonça Neptune et
détermina sa position dans le ciel, les astronomes
durent attendre, pour admettre son existence, que
Gall, de Berlin, l'eût aperçu au bout de sa lunette.

*
* *

Ce que nous appelons liberté, disent les matérialistes, n'est que l'ignorance des causes détermi-
nantes qui nous font agir.

A cette affirmation, il n'y a pas de réponse.

Très certainement nous sommes un produit de la nature, mais, très certainement aussi, nous sentons en nous un principe indépendant de la nature.

*
* *

Il existe pour l'homme deux mondes extérieurs fort distincts : la nature entrevue par nos sens et chantée par les poètes — la nature bien autrement grandiose découverte par notre intelligence et contemplée par le savant.

*
* *

Où est donc l'absolu ?

Tout est relatif. Le poids d'un corps (même en un même lieu et dans le vide) dépend de la position du soleil et de la lune. En moyenne nous pesons douze milligrammes de moins quand la lune est au-dessus de nos têtes que quand elle est à l'horizon. Le poids d'un corps sur la terre, cette chose qui semble fixe entre toutes, n'a jamais été deux fois rigoureusement le même dans le cours des âges.

*
* *

L'étude de l'infiniment grand caractérise la révolution mentale inaugurée par Galilée ; l'étude des infiniment petits caractérise la nôtre.

Le xviiᵉ siècle, c'est la lunette astronomique.

Le xixᵉ siècle, c'est le microscope.

Le xixᵉ siècle a découvert l'importance des petits dans la nature ; la science aussi s'est démocratisée.

*
* *

La science moderne nous montre l'étude des êtres d'autant plus féconde qu'ils occupent une place plus infime dans l'échelle de la création. Elle abandonne, comme d'intérêt secondaire, la grande aristocratie animale et consacre toute sa sollicitude sur la populace des infiniment petits.

*
* *

Il est aussi absurde, dit le P. Secchi, d'admettre la transformation des espèces que de croire qu'une montre peut se transformer d'elle-même en machine à vapeur.

Certainement une pirogue ne se transformera pas d'*elle-même* en paquebot ; cependant le paquebot n'est qu'une transformation de la pirogue.

A quoi le très savant directeur de l'observatoire romain répondrait sans doute : Dans la transformation de la pirogue en paquebot, une intelligence est intervenue.

Il y a deux écoles transformistes : suivant Hæckel,

les êtres vivants, à l'état embryonnaire *simple pro-duction de la matière*, se transforment par la seule loi de l'adaptation au milieu.

Telle n'est sûrement pas la pensée de Lyell, Spencer, Darwin.

Le premier homme qui, pour déplacer un madrier, a eu l'idée de le faire rouler sur un morceau de bois rond a commencé une série de transformations aboutissant aux chemins de fer.

Il faut toujours en revenir à ceci : la vraie force motrice est l'intelligence.

*
* *

L'absolu est en dehors de l'espace et du temps et nous vivons dans l'espace et dans le temps. Nous sommes condamnés au relatif, il faut s'y résigner.

*
* *

La doctrine transformiste est la doctrine du Dieu vivant.

*
* *

La vie se manifeste par la matière, mais elle est tout autre chose que la matière.

*
* *

Qu'est-ce que le transformisme sinon l'hypothèse d'une providence toujours agissante? Seulement cette providence marche vers un but au lieu de vaguer à tort et à travers.

*
* *

L'image d'un chien sur la rétine peut être plus grande que celle d'un éléphant suivant les distances auxquelles ils se trouvent ; outre l'être qui perçoit, il y a l'être qui juge.

*
* *

Pour nous, hommes, pas de pensée sans cerveau, cela est bien évident; mais le cerveau n'est pas pour cela le producteur de la pensée, il en est l'instrument nécessaire.

Nos cordes vocales produisent bien des sons, elles ne sont pour rien dans la production du mot.

Le larynx produit le son, l'esprit produit la parole.

*
* *

Le monde des sens et le monde réel sont deux mondes bien distincts : à l'horizon, la Grande Ourse est énorme; au zénith, elle est méconnaissable, tant elle semble diminuée.

Le monde des sens est un monde d'illusions que la Raison doit rectifier incessamment ; et combien sont imparfaits et insuffisants les organes des sens pour nous mettre en rapport avec la Réalité — la Réalité qui est infinie !

*
* *

L'âme n'est probablement simple que chez les animaux inférieurs. Elle se complique à mesure que le corps se pourvoit de nouveaux organes, de telle sorte qu'il y a entre l'une et l'autre une correspondance parfaite.

L'âme humaine pourrait bien être une âme animale enrichie de nouvelles propriétés ?

*
* *

Quelle unité et quelle variété dans les fleurs ! c'est toujours la même pensée qui revêt à l'infini des formes nouvelles.

Entre la faune et la flore terrestres et marines, on se demande si l'imagination la plus vaste et la plus folle peut rêver une forme, si étrange soit-elle, que la nature n'ait pas réalisée.

Et les mondes sont encore plus variés que nos fleurs !

*
* *

Il n'y a pas de *cause première,* il y a une cause éternelle.

*
* *

Un mien ami, professeur de philosophie, me reproche de ne pas enfanter un système cohérent.

Un système cohérent !

Se proposer d'établir un système cohérent me semble le fait d'une outrecuidance démesurée.

Comment le petit être misérable, emprisonné sur une imperceptible molécule de la Voie lactée, dépourvu de toutes notions sur les formes des êtres qui peuplent l'univers, sur la vie qui les anime, sur les pensées qui les agitent ferait-il un système cohérent ?

Nous ne savons pas grand'chose — si peu que rien — mais l'univers nous apparaît comme un tout solidaire dans son infinie variété, dans son infinité, flottant dans l'éther qui en solidarise toutes les parties. Je crois profondément à la solidarité de ces mondes, malgré mon ignorance des formes revêtues par l'intelligence dans ces univers où la vie se trouve dans des conditions inaccessibles à mon imagination. Comment faire un système cohérent, moi qui ne connais rien de l'univers en dehors de mon infinité ?

Il me semble que vous me demandez de refaire

le plan d'une cathédrale dont vous me donnez un imperceptible grain de poussière détaché du monument à la pointe d'une aiguille.

Nombre de gens ont tenté cette œuvre surhumaine; l'expérience a montré qu'ils ont fait œuvre vaine.

C'était évident *a priori*.

*
* *

Le monde extérieur (de nature inconnue) est la matière avec laquelle notre esprit crée le monde que nous connaissons.

*
* *

Un œuf qui ne dépasse pas un sixième de millimètre peut devenir un éléphant ou un Descartes.

Après ce miracle de l'évolution, que pouvons-nous déclarer impossible à ce procédé de la nature ?

*
* *

« La force avec laquelle un muscle se contracte dépend de son volume et de la puissance de la volonté. » (Milne Edwards.)

Oui, la volonté est une force ; c'est nier l'évidence de toujours matérialiser la force.

*
* *

Un problème embarrassant pour le spiritualisme est le problème posé par la mort des enfants, surtout des enfants naissants. Pourquoi sont-ils nés? Que sont-ils venus faire ici-bas?

La difficulté est trop réelle; mais elle est grandement atténuée pour ceux qui nous croient destinés à parcourir, pendant toute l'éternité, une infinité d'existences et qui ne s'exagèrent pas l'importance de notre vie terrestre dans notre évolution totale.

*
* *

Que la fleur adulte doive être régulière ou irrégulière, la fleur naissante n'en est pas moins d'une régularité parfaite.

D'où vient cette force mystérieuse qui, chez certaines espèces, maintient toujours une entière régularité et entraîne toujours chez les autres la même déviation?

*
* *

L'électricité nous permet de mesurer le temps au dix-millième de seconde. L'astronomie, pour mesurer les distances aux étoiles, prend pour unité le chemin parcouru par la lumière pendant un an à raison de soixante-dix-sept mille lieues par seconde. Nous calculons l'énergie solaire.

Cela n'est-il pas étrange? Nous estimons avec précision des quantités insaisissables pour nos facultés d'intuition; car, qui peut se faire une idée de ce qu'est un dix-millième de seconde, le chemin parcouru par la lumière pendant un an ou la chaleur d'un foyer brûlant par seconde onze quatrillions de tonnes de charbon?

*
* *

Le *fiat lux*, tant admiré, n'a pas de sens ou du moins n'a pas le sens qui lui vaut l'admiration du vulgaire.

Il n'y a de *lumière* que quand il existe des yeux pour en saisir l'impression, un cerveau pour en percevoir la sensation, une intelligence pour la penser. Sans cela, il y a des ondulations, des vibrations de l'éther, mais il n'y a pas de lumière.

Nous faisons une figure de rhétorique ou un abus de mots, quand nous disons : « La lumière agit sur les plantes » (pour la formation de la chlorophylle, par exemple). Il n'y a pas plus de lumière pour les plantes que pour les aveugles; la vérité est qu'elles sont soumises à l'action de cette forme spéciale de l'énergie solaire qui agit sur nos yeux comme lumière et sur la plante comme vibration de l'éther.

*
* *

De quel droit prétendrions-nous assigner à la puissance divine un procédé de création? Le *fiat lux* est-il plus sublime que l'éternel développement des êtres, d'après un plan et un but connus de celui-là seul qui est la puissance infinie, parce qu'il est l'intelligence infinie?

*
* *

Nous ne pouvons concevoir le monde que comme loi résultante de l'action d'un principe actif sur un principe passif.

Le dualisme est une nécessité de notre intelligence.

Pour nous, hommes, le monisme n'a pas de sens.

Pour nous, le principe actif est l'esprit, le principe passif est la matière : C'est bien vieux, direz-vous. Oui, c'est bien vieux; les primitifs voyaient des esprits partout. Là où ils en voyaient, nous n'en voyons plus; mais nous ne sommes pas moins obligés qu'eux d'admettre l'existence de quelque chose qui n'est pas la matière.

*
* *

Par l'évolution, tout vit et se meut en Dieu et par Dieu.

*
* *

Le matérialiste est un homme qui ne voit dans un livre que du papier blanc où s'alignent de petites taches d'encre.

*
* *

C'est une grande satisfaction pour l'homme de se sentir cause.

Souvent nous exécutons certains actes pour le seul plaisir d'en voir les effets.

*
* *

La raison trône en souveraine dans le monde de la nature, mais, quand elle veut pénétrer dans le monde de l'esprit, elle est bien contrainte d'avouer son impuissance.

On peut, à la rigueur, nier la réalité du monde extérieur, on ne peut nier celle de l'esprit; car, s'il nous est impossible d'en pénétrer l'essence, nous sommes les agents conscients de ses manifestations.

*
* *

Dans le monde extérieur, il n'y a de vraiment réel que les atomes, l'éther et l'action mécanique qui s'exerce entre eux.

La chaleur, l'électricité, la lumière, tout comme

le son, n'existent que pour des êtres doués de sen-
sibilité. Animaux et plantes ressentent les effets
de ces agents physiques (vibrations des atomes ou
de l'éther), mais l'homme seul les comprend, en
raisonne les effets et part de cette connaissance
pour les diriger et les employer.

Les formes diverses de l'énergie solaire provo-
quent des mouvements dans la matière inorganique,
des impressions dans les plantes, des sensations
dans les animaux, des connaissances dans l'homme.

Animaux et hommes ne sont d'ailleurs que des
tourbillons d'atomes, maintenus dans une forme
constante par une force mystérieuse.

Nous percevons des formes produites par l'action
d'un réel inconnu sur notre organisation non moins
inconnue.

*
* *

Le monde extérieur se résume en échange de vibrations entre les atomes et entre les atomes et
l'éther.

Il y a trois réalités : la matière (atomes et éther),
le mouvement, l'esprit.

C'est l'esprit qui crée la nature telle que nous la
percevons.

Il n'y a ni laideur ni beauté dans la nature, —
dans la nature, il n'y a qu'ondulations et vibrations,

la beauté n'est qu'en nous, elle est une pure création
de notre esprit.

*
* *

Nous prenons volontiers des airs de gensayant
résolu tous les problèmes, tandis que, chaque jour,
ils foisonnent et surgissent de toutes parts plus
nombreux, plus complexes, plus troublants.

*
* *

« La nature se préoccupe peu des individus, mais
veille à la conservation des espèces. »

Quand on considère le soin avec lequel la nature
veille à la conservation des espèces terrestres, on
est porté à croire qu'elle a pris ses mesures pour la
conservation des espèces sidérales ; ce qu'il y a de
bien certain, c'est que si des soleils meurent (et
nous savons qu'ils meurent), il faut que d'autres
naissent, car, sans cela, il n'y aurait plus de soleils
depuis longtemps.

Nous voyons des êtres qui ne viennent au monde
que pour mourir sans avoir vécu ; c'est probablement le cas des étoiles dont l'éclat dure quelques
années à peine ou même quelques mois ; ce sont des
astres mort-nés.

Dans l'univers, un système planétaire a tout juste

l'importance d'un insecte sur la Terre. Devant Sa Majesté l'Univers, il n'y a que l'infiniment petit.

*
* *

Les invariables lois de la nature sont des formes de l'invariable volonté de l'Être mystérieux. Sans doute, des lois non moins invariables président au gouvernement des esprits; selon toute probabilité, les lois du monde spirituel sont d'une complexité bien supérieure aux lois de la nature.

*
* *

Il est au moins curieux de savoir comment cet Extrême-Orient, que nous avons tant d'intérêt à connaître, juge notre Christianisme. Voici l'opinion d'un théologien japonais fort en renom qui ne manque pas d'originalité : « Si une religion relativement si déchue que le Christianisme a pu créer un génie religieux tel que Luther, que serait un pareil génie, s'il surgissait parmi nous un réformateur du Bouddhisme? »

*
* *

Sans enfant de son premier mariage, bonne épouse et bonne mère de famille dans son second

ménage, après divorce prononcé en sa faveur, une
divorcée demande, à l'article de la mort, les secours
de l'Église.

Pour l'absoudre, le confesseur exige la promesse
formelle de quitter son mari, si elle revient à la vie.
La malheureuse refuse de faire au père de ses enfants cette suprême injure et meurt sans sacrements.
Le curé interdit l'enterrement religieux et la divorcée est enterrée civilement.

En cette circonstance, le clergé s'est conformé
aux lois de l'Église ; il a fait son devoir et ne pouvait agir autrement.

Il serait injuste de le blâmer — la conscience lo-
cale en a jugé autrement. Pourquoi? Elle sentait
que, si cette façon d'agir est conforme aux lois de
l'Église, elle est contraire à l'esprit de l'Évangile.

*
* *

Mme de Z..., connue par de retentissantes cas-
cades (son mari tua un général en duel), vint
dans une vieille ville cléricale fort collet monté de
notre pudique Bretagne, pour laisser passer l'orage
amassé par sa dernière aventure. A toutes ses visites,
elle trouya porte close, le mot d'ordre était donné:
« Madame n'y est pas. » Impossible de pénétrer
dans la pieuse aristocratie de la cité.

Heureusement la pécheresse avait des diamants et la ville des Carmes.

Comme chacun sait, ces religieux ont toujours joui d'un grand renom près des dames. Notre héroïne offrit à leur Vierge un lot de diamants et dentelles. Aussitôt toutes ces portes, si hermétiquement closes, s'ouvrirent devant un magnifique « Sésame, ouvre-toi ! »

Et la nouvelle Madeleine, nullement repentie, recommença ses frasques sous la double protection de la Vierge aux diamants et des valeureux Carmes.

*
**

L'Abbé. — Moi, j'ai la foi de saint Louis.

M. — Quelle foi particulière a donc eue saint Louis, je vous prie?

L'Abbé. — Un jour on l'informa qu'à la messe, devant deux mille Parisiens, l'hostie s'était changée en un bel enfant. On lui conseilla d'aller voir le miracle : « Pourquoi me déranger? répondit-il, je crois sans voir. »

M. — En cela, saint Louis se montra fort prudent.

L'Abbé. — De quel droit refuser d'admettre un fait attesté par deux mille témoins, cité par tous les chroniqueurs?... Paris tout entier l'a cru.

M. — En défendant ce miracle, ne craignez-vous

pas de discréditer les autres ? J'en conclus tout simplement : le Paris d'alors était aussi gobeur que le
Paris d'aujourd'hui.

L'Abbé. — De quel droit nier un événement aussi
constaté que la victoire de César à Pharsale ?... A
ce compte, il n'y a plus d'histoire possible.

M. — Vraiment, l'hostie s'est transformée sur
l'autel en un bel enfant ?

L'Abbé. — Devant deux mille témoins, je vous
le répète.

M. — Alors, dites-moi ce qu'est devenu l'enfant ?

*
* *

En réalité, la foi religieuse est la confiance en un
homme, Gautama, Jésus, Mahomet.

*
* *

D'après les paysans siciliens, après chaque com-
bat, Garibaldi secouait sa chemise rouge pour faire
tomber les balles qui s'étaient aplaties sur sa poi-
trine.

Aujourd'hui, dans les pays arriérés, les légendes
naissent comme au temps jadis ; mais si elles trouvent encore un milieu propice à leur naissance,
dans les sociétés civilisées, elles ne trouvent plus de

milieu favorable à leur développement; elles meurent aussitôt nées.

*
* *

Le plus grand tort du culte de la Raison fut le patronage d'Hébert.

Le sentiment religieux ne vit pas d'abstractions. A l'origine de toute grande religion on trouve un homme. Hébert ne pouvait prendre rang après Gautama, Moïse, Jésus et Mahomet.

*
* *

Il faut des saints pour fonder un culte.

C'est ce que comprit très bien l'instinct populaire quand il canonisa Marat. Sans doute le peuple de Paris (ce qui lui arrive souvent) n'eut pas la main heureuse; mais, dans le calendrier romain, on trouverait des saints qui ne valent pas sensiblement mieux.

Avec la presse et l'interview, la genèse des saints devient très difficile.

*
* *

A la cérémonie du sacre, le roi jurait solennellement d'exterminer les hérétiques — voilà ce qu'était devenu l'Évangile entre les mains de l'Église.

Après cela, il ne faut pas s'étonner si l'on a guillotiné au nom de la fraternité.

*
* *

Le siècle a marché ; mais, depuis 1830, en tolérance religieuse, il a marché à reculons.

*
* *

Qu'est-ce en théorie que l'Eglise ? C'est l'assemblée des fidèles. En réalité, c'est la chose du clergé.

*
* *

La Réforme, c'est la concurrence dans le domaine religieux.

*
* *

L'Abbé. — Ainsi donc, d'après vous, nous sommes des imbéciles ?

M. — Qui dit cela ? — Deux avocats sont en présence, celui qui soutient la mauvaise cause peut très bien avoir le plus d'esprit.

L'Abbé. — Alors nous sommes des charlatans — charlatans ou imbéciles, il n'y a pas de milieu.

M. — N'y a-t-il pas de très savants brahmanes à Delhy, d'aussi bonne foi que vous, et aussi intelligents que moi et vous ensemble ? Les grands rabbins du Moyen Age, gens si éminents dans les lettres et les sciences de leur temps, n'étaient ni des charlatans ni des imbéciles.

*
* *

Huit cents ans avant nous, les Chinois avaient constaté que la queue des comètes est toujours opposée au soleil, c'est-à-dire sur le prolongement de la ligne joignant le soleil à la comète.

Aux mêmes temps, les papes (infaillibles) ordonnaient des prières publiques pour conjurer les comètes et les Turcs.

*
* *

En 1456, le pape Calixte ordonne de sonner l'*Angelus* à midi pour conjurer la comète et les Turcs ; aussi la comète donna d'excellent vin et les Turcs sont bien malades.

*
* *

Les Siciliens promenant, en 1879, la statue de saint Antoine pour arrêter les laves de l'Etna, sont-ils mentalement bien supérieurs aux Canaques qui portent un vase près de leurs morts pour faire tomber la pluie ?

*
* *

Dans la donnée catholique, l'important n'est pas de bien vivre, mais de mourir confessé.

*
* *

Le miracle, dans le Christianisme, est une survivance païenne.

*
* *

Après les massacres de Constantinople, un excellent religieux très saint homme et une très digne religieuse de Saint-Vincent-de-Paul, sans s'être entendus, dirent spontanément à un Français de ma connaissance : « C'est bien fait pour les Arméniens orthodoxes, pourquoi conspiraient-ils ? On n'a pas touché aux Arméniens catholiques qui ne conspiraient pas. »

Touchante confraternité chrétienne !

Les chrétiens orientaux se détestent plus entre

eux qu'ils ne détestent les Turcs (peut-être avec raison) — et ce n'est pas une des moindres difficultés de la question d'Orient.

*
* *

Le Dieu qui créa le monde en six jours, pour se reposer après, est un dieu retraité.

*
* *

L'homme est un animal discuteur ; il a inventé pour satisfaire sa passion un nombre incommensurable de billevesées politiques et religieuses. Nos débats parlementaires rappellent trop souvent les temps byzantins. La postérité jugera la plupart de nos débats aussi burlesques que les discussions sur la fécondation de la Vierge, quand un tas de gens discutaient si le Saint-Esprit *semen emisit necne.*

*
* *

A peine Yaveh a-t-il créé l'humanité qu'il s'en repent... Si le pape est infaillible, le Dieu de la Bible ne l'est pas.

*
* *

Qui se refuserait à croire que Jeanne d'Arc a

entendu des voix se montrerait simplement incapable de revivre en imagination aux temps de l'héroïne. Elle a certainement entendu les voix qui lui prescrivaient sa mission, comme Jésus a entendu la voix qui le sacrait Fils bien-aimé.

Mais si Jeanne a certainement entendu *ces voix intérieures qu'elle extériorisait,* il est certain aussi que ces voix l'ont trompée.

En effet, dès le principe, Jeanne déclare qu'elle avait reçu de Dieu, par l'intermédiaire de ses Saintes, une quadruple mission :

1° Délivrer Orléans ;

2° Mener le Dauphin à Reims pour y être sacré ;

3° Rendre Paris au roi ;

4° « Bouter » les Anglais hors de France.

Or, de ces quatre données du programme, les deux premières seules ont été accomplies.

Il n'y a pas à nier le fait brutal : les voix l'ont trompée.

Nous n'en devons pas moins de reconnaissance à la noble martyre de la nationalité française ; nous ne l'admirons pas moins pour avoir attribué à des messagers célestes les inspirations écloses dans son propre cœur.

La France doit un culte à ce bon génie, mais je ne vois pas bien à quel titre l'Église pourrait la revendiquer.

Comme tous les grands fascinateurs (tel fut Mahomet), Jeanne joignait à son illuminisme un sens très pratique, très positif des situations.

Ame profondément religieuse, se croyant en communication immédiate avec Dieu par l'intermédiaire de ses Saintes, elle ne reconnaissait à personne, pas même à l'Église, le droit d'intervenir entre elle et Dieu.

Sans en avoir conscience, elle se mettait au-dessus de l'Église, tout en croyant rester sa fille soumise. Aussi l'archevêque qui sacra le roi à Reims ne tarda pas à devenir son plus perfide adversaire avec La Trémoïlle, le favori du roi. L'un ne lui pardonnait pas de se croire supérieure aux gens d'Église, l'autre de prétendre diriger des gens de guerre professionnels.

D'ailleurs, si Jeanne pratiquait, ce n'était pas une dévote.

C'est une singulière dévote, la guerrière qui fit la réponse suivante à ses juges qui lui demandaient pourquoi elle avait remplacé, par une épée de Bourguignon fait prisonnier, l'épée miraculeusement retrouvée à Fierbois : « C'est que c'était une bonne épée de guerre, bonne pour bailler de bonnes buffes et de bons torchons. »

Jamais on n'exaltera trop l'héroïne ; quant à en faire une sainte, c'est aussi raisonnable que d'en faire une sorcière, comme le firent les Anglais en toute bonne foi. Les juges condamnèrent en toute conscience l'extraordinaire entraîneuse d'hommes, devant qui les ennemis fuyaient, pris de terreur, ou restaient pétrifiés, sans pouvoir bander leurs arbalètes ; pour eux, elle tenait évidemment du démon cet étrange pouvoir auquel, de leur côté, les Français attribuaient une origine céleste.

Elle devint bientôt gênante pour la Cour. Si les Anglais enrageaient d'être vaincus par une femme, l'entourage du roi ne tarda pas à rougir d'être sauvé par une femme.

*
* *

Les prêtres et les médecins se coudoient au lit des malades avec plus de politesse que de sympathie. Ces deux branches issues de la sorcellerie primitive ont conscience de leur commune origine — il n'y a pires rivalités que les rivalités de famille.

*
* *

« Qu'ai-je besoin que les hommes entendent ma confession, comme s'ils pouvaient remédier à mes fautes ? » (*Saint Augustin.*)

« Dieu ordonne de lui avouer nos péchés et de n'en rendre compte qu'à lui seul. » (*Saint Chrysostome.*)

« Il est bon de confesser ses péchés, non aux

hommes, mais à Dieu qui peut seul les guérir. »
(*Saint Jérôme.*)

*
* *

Ursule Beninensa, fondatrice de l'ordre des Théa-
tins, brûlait (par dévouement pour les âmes en
peine) des flammes du Purgatoire avec une telle
intensité qu'une colonne de fumée lui sortait par la
bouche.

*
* *

Actuellement à Montlijeon on centralise 135 000
messes par an ; une basilique se construit, le bien-
être est revenu et la population sort de son indif-
férence. (Henri Monnier — *Le Salut individuel et
le salut social.*)

*
* *

Mort de Narvaëz :
Le confesseur. — Pardonnez à vos ennemis.
Narvaëz. — Je ne crois pas avoir d'ennemis.
— Est-ce possible après le rôle que vous avez
joué ?
— Non, je ne crois pas avoir d'ennemis, j'espère
bien les avoir tous fusillés.

Vraie ou non, l'anecdote est typique ; elle peint
à merveille cette union, si fréquente en Espagne,
de la religion et de la férocité. La religion de Phi-
lippe II, c'est-à-dire du pur catholicisme jésuite, a
coulé l'Espagne dans un moule de cruauté dévote
et son tempérament ne semble plus susceptible de
s'humaniser.

*
* *

M. Engels, ancien chef de la statistique de
Berlin, écrivait : « Les Français qui se réfugièrent
chez nous nous apportèrent l'honnêteté, la persévérance, l'habileté ouvrière ; ils ont donné dans leur
exil l'exemple des plus nobles vertus familiales ; les
mots « c'est un réfugié » étaient toute une recom-
mandation. »

*
* *

Arrêt du Parlement de Paris du 19 août 1655 :
Pierre Bernier, condamné à être pendu et étranglé
pour avoir juré et blasphémé le Saint Nom de Dieu
en jouant aux cartes et aux quilles.

*
* *

S'il est un homme qui n'a rien compris à l'Évangile, c'est assurément Loyola.

*
* *

Rome voit le mal dans l'individualisme ; elle est l'irréductible ennemie de l'autarchie. Sa doctrine est une réaction contre l'individualisme révolutionnaire, c'est-à-dire contre la Réforme qui a inspiré la Déclaration des droits de l'homme.

*
* *

La Réforme est l'émancipation de la conscience. La Révolution est l'émancipation de la pensée.

*
* *

Le protestantisme n'admet pas le salut en dehors d'une détermination individuelle ; il n'admet pas que l'on puisse racheter les autres, surtout à prix d'argent.

*
* *

La mission de l'Église, dit M. Godet, n'est pas de réorganiser la société, mais de faire des chrétiens.

C'est notre avis, comme c'était la pensée de Jésus.

Sous peine d'infidélité à la pensée du Maître, le Christianisme n'a rien à démêler avec le temporel

— il n'a rien de commun *avec le monde*. Il règne
uniquement sur les âmes et sur les cœurs.

*
* *

Descendons-nous d'un couple unique, comme
l'affirme la Bible ? d'une race successivement diver-
sifiée par son adaptation aux divers climats ?

Les premiers humains ont-ils paru dans un habi-
tat unique pour se répandre de là sur tout le globe ?

Y a-t-il eu plusieurs centres de production de
notre espèce ?

Y a-t-il eu une formation successive de races ?
Cette formation successive a-t-elle débuté par l'apparition de races inférieures, suivie de l'apparition
de races supérieures ?

Devons-nous expliquer l'existence de certaines
races inférieures par la dégénérescence ou devons-
nous y voir une tentative avortée d'enfantement
humain ?

Des savants fort croyables considèrent les sociétés américaines et australiennes comme aussi vieilles
que les nôtres et très probablement plus vieilles.
Elles seraient nées les premières dans l'évolution
générale ; n'étant pas douées de facultés intellectuelles suffisantes, elles ont subi un arrêt dans leur
développement ; elles seraient un premier essai de
la puissance créatrice... ou, au contraire, sont-elles

fondamentalement de semblable intelligence, et doit-on attribuer leur arrêt de développement à des circonstances extérieures défavorables ? Car ne l'oublions pas, l'homme ne peut sortir de sa sauvagerie primitive qu'à l'aide d'une plante cultivable et d'un animal domestique.

*
* *

Il faut (comme je l'ai fait) avoir tenté de pénétrer la pensée religieuse du sauvage, pour comprendre combien sa mentalité diffère de la nôtre ; de telle façon (en admettant qu'on puisse échanger avec eux des pensées) qu'on se trouve dans le cas de qui aurait à converser avec des habitants de Vénus ou de Mars.

*
* *

Personne n'a plus consciencieusement étudié les religions primitives que M. Marillier. Il en a conclu l'unité primordiale de l'esprit humain. Il est, en effet, très remarquable que, sous des formes peu différentes, on retrouve les mêmes idées fondamentales en passant des Esquimaux aux Boschimen et aux Australiens. Et si, par le folklore, on remonte à la pensée originaire des civilisés, on retrouve la pensée religieuse du sauvage.

*
* *

A Maré, l'une des Loyalty (îles dépendantes de la Nouvelle-Calédonie), une vieille Canaque nous donna la solution du problème du mal.

« Je sais très bien, nous dit-elle, comment Maré a été peuplée ; un homme et une femme sont venus en pirogue par un grand canal sous-marin. Ils ont eu beaucoup d'enfants. Alors le bonheur régnait dans l'île ; on avait du poisson à volonté, car il suffisait d'aller à l'ouverture du canal et d'appeler les poissons que l'on voulait, ils venaient à la parole. On voyait à l'entrée un petit poisson d'une beauté merveilleuse, mais celui-là, il était interdit de l'appeler. Un jour, un jeune homme ne put résister au désir de posséder le petit poisson et l'appela ; aussitôt l'ouverture de la grotte se ferma et, depuis, il est dur de vivre. »

N'est-ce pas exactement le mythe de la boîte de Pandore ou de la pomme d'Adam ?

En conclurons-nous un vague souvenir de la chute biblique ?

Partout l'explication du mal est la même : il a pour origine la violation d'un tabou ; car le pommier du paradis est tout simplement un arbre tabou.

Partout, dès que les hommes ont songé à se poser le mystérieux et redoutable problème, ils ont assigné l'origine du mal à notre liberté — ce qui est tout au moins une grande leçon.

Dans ce récit, pas plus que dans la boîte de Pan-

dore, nous ne voyons de tentateur ; le Satan de la
Bible est superflu, nous avons bien assez du tentateur qui est en nous.

*
**

Très certainement l'idée d'immortalité n'a jamais
pénétré dans la cervelle des primitifs ; c'est une
idée méthaphysique pour laquelle leur intelligence
n'était point mûre. La survie à laquelle ils croient
n'est pas une existence à jamais soustraite à la
mort, mais une existence à laquelle ils ne voient pas
de terme précis.

*
**

Le Kausika Sutra rappelle le formulaire des Che-
rokees. En beaucoup d'occasions, le brahmane
remplit le rôle d'un chaman.

Les mêmes pratiques, les mêmes préjugés, en des
temps divers ont régné sur toute la terre. La grande
préoccupation de M. Marillier fut d'établir l'unité
de la pensée religieuse chez tous les primitifs.

En des temps divers de l'histoire de notre planète,
et sur les points du globe les plus distants, il y a
d'étonnantes ressemblances religieuses aux mêmes
stades de civilisation.

Si les religions proprement dites sont plus ou

moins modifiables, les superstitions de la sorcellerie se maintiennent identiques, avec une extraordinaire ténacité. Dans toutes les sociétés, les rites d'envoûtement sont étonnamment analogues; ils sont aujourd'hui, sur la côte d'Afrique, ce qu'ils étaient à la cour raffinée de Henri III et de Charles IX.

*
* *

Les Germains *entendaient* le soleil couchant bruire comme un fer rouge plongé dans l'eau : quand on croit, on voit tout ce que l'on croit.

*
* *

La préoccupation de nourrir les morts fut générale. Outre la nourriture, les vieux Parsis offraient des vêtements, mais nulle part l'entretien des morts ne tint autant de place dans la vie d'un peuple que chez les Égyptiens.

Nous avons retrouvé dans les Pyramides la description du culte funéraire. Les Égyptiens ont eu seuls, semble-t-il, la pensée d'incorporer dans une statue le double du vivant ; pensée parente de l'incorporation des fétiches, dieux, saints...

Aux temps primitifs, c'était un billot de bois dégrossi, auquel on mettait une perruque, un pagne, des bijoux; on lui donnait aussi un bâton de marche. L'image, représentant, tant bien que mal, un corps nu, figurait le mort ; elle était ensuite complètement habillée.

A cette image recouverte des vêtements habituels, on offrait des aliments réels.

Les progrès de l'art ne furent peut-être pas étrangers à l'évolution dans les idées ; en tout cas, ils marchent de pair. En même temps que la représentation sort de sa grossièreté primitive, la sculpture et la peinture de vêtements taillés dans le bloc remplacent de plus en plus les objets rapportés — et le bois affublé d'oripeaux devient une statue.

Longtemps encore on continua de parer la statue à certains jours.

Les changements successifs dans le vêtement correspondaient sans doute à d'importantes transformations mentales, car ils étaient accompagnés d'une évolution parallèle dans l'offrande des aliments. Avec le vêtement réel disparaît l'alimentation réelle ; on nourrit d'incantations le double incorporé, on lui souhaite des aliments, on psalmodie ses repas.

Bien évidemment la foi dans la plénitude de la vie de la statue s'affaiblit.

Les monuments littéraires de l'Égypte ne laissent à ce sujet aucun doute :

Premièrement, par des cérémonies, on pouvait appeler le double du défunt à résider dans un corps

de bois ; on entretient ensuite de la façon la plus
réaliste la vie du défunt ainsi réincorporé.

Lentement cet entretien de la vie posthume se
transforme en un culte purement révérentiel, fort
analogue, au fond, à nos offrandes de fleurs sur les
tombes.

*
* *

Le Bouddhisme est une réforme du Brahmanisme.
Gautama a joué dans le Brahmanisme, à certains
égards, le rôle de Luther dans le Christianisme. Il
fut plutôt réformateur que fondateur.

Gautama part de ce principe que, pour le salut,
sont absolument inutiles et vaines, ces recherches
métaphysiques poursuivies par l'Hindou avec une
persévérance méritant un meilleur sort et une sub-
tilité digne d'un meilleur emploi. D'autre part, il
réduisit considérablement les exigences de l'ascé-
tisme. En allégeant l'homme de ce double fardeau,
il a facilité l'accès du Nirvâna si ardemment cher-
ché par les philosophes et les ascètes de l'Inde. Le
Bouddhisme tient d'ailleurs toute sa vitalité d'une
énorme inconséquence, nouvelle preuve du peu
d'importance de la logique en matière religieuse. Il
y a, en effet, une contradiction manifeste entre ce
grand amour de l'humanité, cette immense pitié
pour toutes les souffrances, honneur de Gautama, et

sa doctrine du Nirvâna qui n'est, en fin de compte, que l'apathie égoïste érigée en système.

*
* *

D'où vient Yaveh? D'après la tradition, c'est Elohim qui se révèle à Moïse en tant que Yaveh. Yaveh semble avoir été le dieu d'une tribu sémitique antérieurement à Moïse. Israël le proclame dieu national par contrat — contrat en vertu duquel, d'une part, Israël reconnaît Yaveh pour son dieu, Yaveh, d'autre part, adoptant Israël pour son peuple.

Donnant, donnant.

Yaveh est un dieu national, c'est ce qui fit sa force; plus tard, les prophètes l'élevèrent à la dignité de Dieu universel.

Mais quel était cet Elohim qui se révèle au Sinaï en tant que Yaveh?

El est un nom de Dieu du panthéon sémitique. Ce dieu naturiste se manifeste par le tonnerre, les orages, les inondations, témoins de sa puissance. Jaloux des hommages rendus aux autres dieux, il se montre impitoyable envers qui l'offense. Au fond, il est une personnification de la nature, tantôt bienfaisante, tantôt terrible.

En contact avec les divinités égyptiennes, il grandit par la comparaison. Ce dieu unique, non marié, ne partageant son pouvoir avec personne, parut naturellement, à ses adorateurs, infiniment supérieur aux autres.

Dans l'antiquité, Yaveh est le seul dieu célibataire.

La Bible ne peut plus être, pour nous, un livre infaillible et magique; mais elle n'en est pas moins l'irrécusable témoin de la piété de ce minuscule peuple juif, si grand dans l'histoire de l'humanité par la production de Jésus.

*
* *

Les études philosophiques d'Averroès (cadi de Séville et de Cordoue, puis médecin de l'empereur du Maroc) aboutirent à effrayer les croyants au point de leur faire solliciter et obtenir la prohibition de toute étude philosophique et la destruction des ouvrages de logique et de philosophie. L'Islamisme s'est ainsi fossilisé, et l'immutabilité de la foi a été obtenue au détriment du développement de la pensée.

*
* *

A part l'importante confrérie des Kadriyya (étendue du Maroc à la Malaisie) qui se fait remarquer par sa philanthropie et son inépuisable charité,

toutes les congrégations musulmanes semblent bien
faites pour démontrer l'infériorité de l'Islam. Tout
le monde connaît les Aïssaoua par leurs extraordi-
naires et dégoûtantes pratiques, peut-être les con-
naît-on moins pour l'ordre le plus puissant du Maroc, auquel les grands et le Sultan lui-même ne
dédaignent pas de se faire affilier. Les Hamshada
dérivent des Aïssaoua ; leur spécialité est de jeter
des boulets en l'air pour les recevoir sur la tête
et de se donner des coups de hache sur le crâne. Les
Derkaoua, très influents aussi, sont dans les mains
de leur cheik « comme le cadavre dans les mains du
laveur des morts ». Les Haddaoua se font remarquer
par leur prodigieuse saleté ; ils marchent tête nue,
la lance à la main, le chapelet au cou, vêtus de
haillons sordides, répétant mille fois, dix mille fois
la même formule — type absolument hideux de
l'abjection à laquelle peut entraîner l'aberration religieuse. En Algérie, la congrégation des Tayybiyya
jouissait d'une grande influence. Elle avait à sa tête
le chérif d'Ouezzan, rattaché par les liens du sang
au fondateur de la première dynastie marocaine,
descendant de Mahomet. Elle a perdu presque tout
son prestige, le dernier chérif, ami de la civilisation européenne, ayant répudié ses femmes indi-
gènes pour épouser une Anglaise.

*
* *

Le grand, l'incontestable miracle de Jésus, c'est sa vie.

*
* *

Comme il le dit à la Samaritaine près du puits de Jacob, Jésus a fondé la religion en esprit et en vérité.

*
* *

Jésus n'a jamais été catholique, pas plus qu'il n'a été protestant.

*
* *

« Je vous donne le précepte *nouveau* de vous aimer les uns les autres. » Ce précepte donné par Jésus, d'après saint Jean, dans la sainte Cène, nous semble aujourd'hui tellement naturel, tellement inhérent à notre constitution intellectuelle, que nous nous demandons comment Jésus a pu le qualifier de précepte *nouveau*. Il a tellement pénétré nos esprits, il fait tellement partie de nous-mêmes (du précepte à la pratique il y a loin), que nous ne pouvons nous figurer qu'on ait pu penser autrement. C'étaient cependant des paroles nouvelles, et c'est la gloire du Christianisme d'en avoir fait un lieu commun.

*
* *

Ce qui est primitif dans le Christianisme, selon Nietzche, c'est la suppression de l'État.

Pas précisément. Le Christianisme originaire avait certainement le dédain de l'État et le considérait comme voué à l'exercice des besognes inférieures du monde purement matériel; il aspirait à fonder, sous le patronage de Jésus, une société morale et spirituelle en dehors de l'État.

Mais certainement, dans la pensée de Jésus, cette société spirituelle ne devait pas être hiérarchisée, surtout elle ne dut jamais être soumise à un pouvoir autoritaire : « Vous n'aurez qu'un seul Maître qui est Dieu, vous n'aurez qu'un seul docteur qui est le Christ. »

Je ne dis pas au point de vue du dogme (Jésus n'a jamais professé de dogme), mais au point de vue de l'organisation de l'Église, le Calvinisme me semble avoir réalisé la pensée de Jésus dans la mesure pratiquement possible.

*
* *

Sous sa forme actuelle, le Christianisme est évidemment bien usé.

Peut-il encore servir d'aliment moral à de nouvelles générations ?

Telle est la plus grave question du temps ?

Ne peut-on réédifier l'édifice sur le fondement de l'Évangile, avec les débris recueillis par Renan : quelque chose comme l'Unitarisme américain ?

*
* *

Qu'est-ce que Dieu ? Évidemment nous ne le saurons jamais en ce monde. Peut-être l'apprendrons-nous (toujours incomplètement) dans une série d'existences successives ? Ce n'est pas en scrutant la nature que la raison le découvrira. Le dieu de la nature a deux faces : l'une bienveillante, l'autre cruelle.

Mais Jésus, soit par une illumination d'en haut, soit par ses méditations personnelles, découvrit au plus profond de son cœur la foi au Dieu-Père. Ce Dieu-Père, inconnu de la nature, tout homme de bonne volonté peut le sentir en son cœur.

*
* *

Je l'ai répété souvent parce que c'est chez moi une foi profonde : « La France n'est ni catholique ni protestante, mais elle est bien la plus chrétienne des nations. »

C'est un malheur pour elle de l'ignorer.

*
* *

La vie de Jésus est une parole de Dieu.

*
* *

Jésus n'a pas dogmatisé, il a vécu sa pensée ; sa pensée, c'est sa vie.

*
* *

Aux yeux de Jésus, la personne humaine a une valeur infinie. Il a été le grand semeur de fraternité humaine, mais c'est l'individu qui l'intéresse ; c'est l'individu qu'il soulage et qu'il aime.

Est vraiment disciple de Jésus quiconque soulage directement des souffrances individuelles.

*
* *

Soyons chrétiens comme l'a compris Renan dans son édition populaire de la « Vie de Jésus », et le culte nouveau, à la fois rationnel et religieux, sortira de lui-même des entrailles populaires.

L'indiscutable goût des masses pour les représentations de·la Passion en est un indice certain.

J'ai assisté à des représentations de la Passion où l'émotion populaire était au comble. De grands poètes naîtront pour interpréter magnifiquement l'inspiration populaire. Plus on se rapprochera de la vérité historique, plus ces représentations prendront un caractère de grandeur. J'en ai vu qui auraient été belles en· les expurgeant de miracles superflus et de tirades antisémites déplacées.

*
* *

D'après Nietzche, la réalité sur laquelle se basait le Christianisme était la petite communauté juive de la Diospora avec sa chaleur et son intimité, avec sa disposition à venir au secours des autres, disposition inconnue dans tout l'empire romain.

En réalité, Jésus a trouvé ses disciples dans cette masse de braves gens indifférents à l'essénisme, au pharisaïsme, au sadducéisme, humbles croyants nourris des psaumes et des prophètes, insoucieux des subtilités métaphysiques et quelque peu dédaigneux du cérémonialisme.

Telle fut la pépinière des premiers chrétiens. ‒

Mais les arbrisseaux d'une pépinière ne peuvent prospérer qu'à la condition d'être transplantés dans un sol favorable. Ce sol favorable pour la jeune chrétienté a été celui des colonies juives, plus ou moins imbues d'hellénisme.

*
* *

Il existe en Angleterre, à Exeter, un lieu de réu-
nion nommé « George's Chapel », où l'on professe
la libre-pensée chrétienne.

*
* *

En restant sur le terrain de l'histoire, en nous
plaçant au point de vue purement historique, il est
incontestable que Jésus est toujours présent dans
le monde ; en fait, il est plus agissant que pendant
sa vie terrestre.

S'il n'est pas corporellement ressuscité, il est
ressuscité dans le monde de l'esprit, le plus réel de
tous les mondes. ·

Il est toujours parmi nous,par son esprit et, que
cela nous plaise ou non, il joue le premier rôle dans
nos destinées.

Chez des nations ou des sociétés inférieures, il
en est de même d'ailleurs de Mahomet ou de Siddarta Gautama.

*
* *

Il est très important, en matière religieuse, de
distinguer deux éléments fort différents : le mythe
et la légende. La légende est un pur produit de
l'imagination poétique ; le mythe, examiné de près,
est l'enveloppe fabuleuse d'une vérité importante.

La naissance miraculeuse de Jésus est une légende, la tentation au désert est un mythe. C'est un fait hors de doute, Jésus a subi la tentation du pouvoir temporel et, dans cette victoire, il a puisé toute sa puissance, toute l'originalité de sa doctrine.

Avec sa popularité, son extraordinaire pouvoir d'entraînement des masses, il a certainement été tenté de monter sur le trône de David.

Le peuple l'y conviait ; et quand il vit celui qu'il acclamait déjà comme Messie refuser le rôle de chef d'un mouvement national révolutionnaire, il l'abandonna et demanda sa mort pour avoir trompé ses espérances. Le mythe de la tentation au désert est donc la figure très exacte de la tentation réelle de Jésus de réaliser sa pensée en s'emparant du pouvoir et non par la simple influence morale. Pendant la plus grande partie de la carrière de Jésus, presque jusqu'à la catastrophe finale, les disciples, dominés par leurs préoccupations apocalyptiques, se crurent appelés, sous la direction de leur maître, à exercer le pouvoir temporel, assis sur douze trônes pour juger Israël.

Siddarta Gautama repoussa également tout pouvoir temporel ; né prince, il n'employa, comme moyens, que l'action morale de l'exemple et de la prédication. Lui aussi eût pu dire : « Mon Royaume n'est pas du monde. »

Pendant longtemps (une douzaine d'années),

Mahomet n'agit que par la prédication, supportant, avec la constance d'une foi profonde, insultes, avanies, menaces, mauvais traitements, expulsion du foyer, puis un jour fatigué des lenteurs de son apostolat, il recourut à l'épée, ce qui a fait de l'Islamisme à tout jamais une religion inférieure.

La vitalité du Christianisme a sa source dans le martyre de son fondateur, c'est le sang du Calvaire qui entretient la vie dans le grand corps chrétien.

*
**

Rien de moins chrétien que l'ultramontanisme, si l'on entend par Christianisme la doctrine de Jésus.

La religion de Jésus, sans dogme, sans autre pratique que la prière, est-elle incompatible avec nos modernes besoins intellectuels et moraux ? Certes non.

Que nous demande le divin Maître ?

Croire au Dieu-Père, aimer les hommes, l'aimer lui, qui est mort pour renouveler l'humanité.

*
**

L'humanité est pour nous, hommes, la manifestation la plus élevée de l'Être Souverain, et Jésus-Christ est le symbole le plus parfait de l'humanité.

*
**

Sans doute, Jésus n'eut pas l'esprit laïque, suivant
l'idée que nous attachons à ce mot, en ce sens qu'il
était profondément religieux — mais on est dans le
vrai en le représentant comme antisacerdotal ; ses
implacables ennemis furent les cléricaux de Jéru-
salem.

*
* *

Jésus rêva le bonheur sur la terre par le règne
de la Bonté.

Comme le dit fort judicieusement Proudhon, si
l'homme était bon, toutes les institutions, quelles
qu'elles soient, seraient également bonnes.

Tous les régimes imaginables seront mauvais
avec des hommes mauvais.

Jésus voulut être le Roi du monde de la Bonté.
Sa doctrine peut se résumer en ceci : soyez bons,
le reste importe peu ; soyez bons et vous serez les
enfants de mon Royaume. Sa pensée fixe fut que les
hommes seraient heureux, s'ils s'aimaient.

La Justice (nécessitée par notre imperfection
morale) et la Bonté sont les deux pôles nécessaires
de la vie sociale. Une société où l'on exercerait la
justice sans bonté se conserverait ; mais ce serait
une société haïssable.

L'épisode de la « femme adultère » est caractéristique : Jésus se refuse à *la juger*. Quand, par sa

réponse si délicieusement ironique, il a débarrassé
la coupable de ses accusateurs, il lui dit : « Et moi
je ne te condamne pas non plus. » Est-ce qu'il
excuse ainsi l'adultère ? Certes non ; il entend par
ces paroles : la justice n'est pas de mon ressort, je
n'ai ni à condamner ni à absoudre, mon rôle est le
pardon et la pitié; aussi ajoute-t-il : « Va et ne
pèche plus. »

*
* *

A la légende chrétienne nous devons ces deux
grandes figures qui dominent tout le Christianisme :
Jésus, la pureté suprême ; Madeleine, le repentir.

La légende chrétienne a déifié la pureté suprême,
idéal auquel nous devons aspirer, mais qu'il nous
est interdit d'atteindre ; puis elle a placé, immédia-
tement au-dessous de cette perfection inaccessible,
la touchante Madeleine si humainement admirable
par le repentir.

*
* *

L'âme humaine ne semble pas pouvoir s'élever
d'elle-même à la conception du Dieu-Père (ce n'est,
en effet, ni dans l'étude de la nature, ni dans le
spectacle de la société qu'elle peut puiser ce con-

cept); mais, quand on la lui présente, elle s'en empare avidement.

Et, chose bien étrange en somme, ce sont les plus malheureux, c'est-à-dire ceux qui devraient être le plus portés à nier une providence bienfaisante, qui embrassent avec le plus de ferveur l'idée d'un Dieu secourable et bienveillant. C'est qu'ils y trouvent une consolation dont ils éprouvent l'irrésistible besoin, et que rien ne prévaut contre ce besoin.

*
**

Le Bouddhisme et l'Évangile ont en commun le dédain de la métaphysique. L'un et l'autre jugent que la seule chose intéressante est de bien vivre; ils n'ont qu'une préoccupation, celle de nous apprendre à bien vivre.

Gautama raille la métaphysique dans des paraboles cruellement ironiques; Jésus semble n'y avoir pas songé. Toute la métaphysique de l'Évangile se résume en ceci: la confiance de l'enfant dans la bonté du père.

*
**

Jésus n'a jamais voulu autre chose que fonder une association missionnaire pour porter la Bonne

Nouvelle. Quelle était cette Bonne Nouvelle? L'avè-
nement de la fraternité.

*
* *

Jésus détournait dédaigneusement ses regards
des pouvoirs publics comme d'une chose qui ne le
regardait pas, leur origine étant la force et la vio-
lence.

Jean-Baptiste semble avoir été quelque peu poli-
ticien.

*
* *

Jésus n'a jamais eu le moindre souci des libertés
politiques, parce qu'il se croyait appelé à nous
apporter la liberté morale.

L'homme est doublement esclave : il est esclave
de la société qui l'entoure (en retour, elle le fait
exister), il est esclave du péché originel qui est son
origine animale — il est esclave de son animalité. C'est notre délivrance de la bestialité que
poursuivait Jésus, mais il ne pouvait que nous
montrer la voie de l'affranchissement ; car c'est à
chacun de nous à s'affranchir lui-même.

*
* *

Pour toute évolution, il faut un germe qui évolue

dans un milieu et qui s'y développe en puisant dans ce milieu les éléments qui lui sont nécessaires.

C'est bien la pensée de Jésus qui est le germe de l'évolution chrétienne, mais sa personne est inséparable de sa pensée. Dans l'ordre scientifique, la pensée est tout, la personne importe peu ; Pasteur fut un excellent honnête homme, il eût été le dernier des coquins que ses découvertes n'en auraient pas moins de valeur. Dans le monde religieux et moral, la pensée s'incarne et tire toute sa valeur de la personne en qui elle est incarnée.

Aussi est-ce la personne même de Jésus qui est la base du Christianisme.

Jésus n'ayant d'ailleurs emprisonné sa pensée dans aucune législation ni dans aucun dogme, le Christianisme se prête à toutes les transformations commandées par les besoins des temps.

Combien le chêne diffère du gland, et cependant le chêne tout entier se trouve en puissance dans le gland !

Nul ne peut prévoir les formes que revêtiront dans l'avenir les sociétés chrétiennes, mais quelles que soient ces formes, elles seront des émanations de la personne même de Jésus. Sa personne sera le gland qui aura produit le chêne de la chrétienté, et le sang versé sur le Calvaire aura fourni les éléments de sa sève.

*
* *

Jésus est le pivot autour duquel l'humanité déroule sa spirale infinie.

*
* *

Les antichrétiens auront beau protester, la grandeur morale de Jésus est le grand fait de l'histoire.

*
* *

A propos de la statue de Renan. — Je n'ai pas envoyé ma cotisation pour la statue de Renan à la légère et je crois devoir dire pourquoi j'ai souscrit; car, en ces questions, la franchise est commandée par l'honnêteté la plus élémentaire.

Je dis ce que je pense, sans contester à personne le droit de trouver que j'ai tort.

Tout d'abord, je dois l'avouer, je connais peu Renan — je l'ai peu lu, assez cependant pour admirer son talent de charmeur et pour ne pas sympathiser avec son génie.

Je n'ai vraiment lu que trois de ses ouvrages : « Les Apôtres » et ses *deux* « Vie de Jésus ».

Quand parut la première édition (ou pour mieux dire la *première* Vie), je venais de faire moi-même une étude sur ce grave sujet, dans le seul but d'ailleurs de me rendre compte de mes propres idées. J'avais lu avec attention la « Vie de Jésus » de Rig-

genbach ; enfin j'avais consacré deux années en-
tières à l'étude de la « Vie de Jésus » de Strauss.
Pendant deux années passées aux Antilles, en dehors de mon service, évangiles et plume en main,
j'avais travaillé Strauss sans trêve, vérifiant toutes
ses assertions.

Voici l'impression (juste ou fausse) que j'éprouvai
en lisant la *première* Vie de Jésus de Renan : ma-
gie du style à part, je la trouvai bien inférieure à
l'œuvre de Strauss et je pensai que les Français
devaient être bien peu au courant des travaux
d'outre-Rhin pour faire tant de tapage autour de
ce livre.

Je partageai même l'indignation de Caro au sujet
des étranges explications de Renan sur la résurrection de Lazare. Parmi les hommes de valeur, je
crois bien que Renan est le seul qui ait osé accuser
Jésus de fourberie. Je ne me charge pas d'expliquer la légende de Lazare : je remarquerai simplement qu'elle n'est mentionnée que dans le IVe évangile, écrit entre l'an 100 et l'an 120, quand la
tradition avait eu largement le temps de s'altérer,
de se développer, de s'embellir. L'évangile de Marc
(écrit vers l'an 70), le plus ancien des évangiles,
ne souffle mot de cette résurrection, et Dieu sait
s'il recule devant le miracle. Matthieu et Luc n'en
parlent pas davantage.

Ce silence des synoptiques n'est-il pas bien extraordinaire ? d'autant plus que ce miracle, d'après Jean, tient fort étroitement à la Passion.

La grande Vie de Jésus (la première) n'a jamais été populaire, elle n'a pas pénétré le grand public et n'a guère été lue que par un nombre restreint de lettrés et de savants. La masse s'effraye des gros volumes et regarde à débourser 7 fr. 50 — tout autre a été le sort de la Vie populaire qu'on pouvait mettre dans sa poche et qui coûtait ving-cinq sous.

Que se passa-t-il dans l'âme de Renan, quand il vit l'effet produit par sa première édition ? Certes, je n'en sais rien ; mais j'ai le droit de supposer qu'il regretta d'avoir froissé cette masse de penseurs très libres qui ne consentiraient à aucun prix à renier leur titre de chrétien.

Comment expliquer autrement son empressement à publier une seconde Vie qui ne ressemble en rien à la première ?

Je sais bien que Renan, dans sa préface de la deuxième édition, dit en parlant de la première : « Pas une fois, je ne me suis reproché de l'avoir écrite » ; mais ce qu'il y a de bien certain aussi, c'est que l'édition populaire ne ressemble pas à l'autre, quant au fond.

En parlant des suppressions faites dans l'édition populaire, Renan nous fait cet aveu : « Plus d'une fois j'ai regretté de voir des personnes auxquelles j'aurais aimé à plaire, détournées d'un livre dont

quelques pages n'auraient pas été pour elles sans
agrément ni sans fruit. »

Bref, Renan a écrit deux Vie de Jésus, l'une pour
l'aristocratie intellectuelle, l'autre pour le populo.
Celle-ci, je l'admire sans réserve, l'ayant lue et relue
maintes fois.

Il dit de la deuxième édition : « Ce n'est pas un
livre nouveau » ; c'est bien cependant un *livre nouveau,* quoi qu'il dise, car il le caractérise ainsi :
« Cette fois, c'est un Christ en marbre blanc que je
présente au public, un Christ taillé dans un bloc
sans tache, un Christ simple et pur comme le sentiment qui le créa. Mon Dieu, peut-être est-il ainsi
plus vrai. »

Eh bien, j'en suis persuadé, c'est ce Christ en
marbre blanc qui a fait la popularité de Renan.

« J'ai pensé, dit-il, que le tableau de la plus
étonnante révolution populaire pouvait être utile
au peuple. »

Et le peuple a aimé ce tableau fait pour lui.

Après le récit de l'entrevue de Jésus avec la Samaritaine, au puits de Jacob, Renan termine ainsi
le chapitre :

« Le jour où il prononça cette parole, il fut
vraiment fils de Dieu. Il dit pour la première fois
le mot sur lequel reposera l'édifice de la religion
éternelle. Il fonda le culte pur, sans date, sans pa-
trie, celui que pratiqueront les âmes élevées de tous

les temps. Non seulement, ce jour-là, sa religion fut la bonne religion de l'humanité, ce fut la religion absolue ; et, si d'autres planètes ont des habitants doués de raison et de moralité, leur religion ne peut être différente de celle que Jésus a proclamée près du puits de Jacob. »

Voici d'ailleurs la conclusion de l'ouvrage :

« On comprend donc comment, par une destinée exceptionnelle, le Christianisme pur se présente avec le caractère d'une religion *universelle et éternelle,* c'est que la religion de Jésus est, à bien des égards, la *religion définitive.* »

Il est donc établi que, par son livre capital, Renan a voulu *épurer* le Christianisme et non le détruire.

Dans ma conviction, c'est pour ce Renan-ci que le peuple demande une statue.

Si je suis plus séduit qu'attiré par le brillant auteur qui écrivit des merveilles pour les délicats, les dilettanti, les lettrés, les abstracteurs de quintessence, je me déclare hautement le disciple de celui qui a sculpté pour le peuple un Christ en marbre blanc. C'est pour dresser un monument à la gloire de ce Renan-ci que j'offre ma cotisation de grand cœur ; pour l'autre, je n'aurais pas souscrit un centime.

*
* *

A M. Follin, directeur de L'Individualiste.

J'ai lu avec une grande attention votre article
« A propos de la mort » ; c'est pour moi un sujet
de réflexion constante naturellement imposé par
mon âge.

Je suis très convaincu de la sagesse de votre
conclusion tirée de Spencer :

« Une connaissance sincère de cette vérité que
notre existence et toutes les autres sont des mystères absolument et éternellement au-dessus de
notre intelligence, contient plus de vraie religion
que toutes les théologies dogmatiques. »

Je n'oserais pas affirmer que la mort n'est pas le
sommeil sans rêve dont parle Socrate.

Néanmoins, je suis séduit par la grande hypothèse des Mystères des Bardes : l'ascension sans
limite des âmes par une série de luttes et d'épreuves
à travers des existences successives ; cette religion
de nos pères m'apparaît avec un caractère d'incom-
parable grandeur.

Je n'affirme pas, je dis simplement : il est possible qu'il en soit ainsi. J'éprouve un grand charme
à me bercer de ce rêve et sa beauté me semble une
raison de sa probabilité.

Certes, je ne puis pénétrer la pensée du Souverain
de l'Univers infini ; pour s'abandonner à semblable

prétention, il faut être dépourvu de toute notion astronomique.

Quoi qu'il en soit, confiant dans l'Éternel créateur des mondes, tous les jours, je répète la dernière parole du Christ mourant, et j'espère que ce sera ma dernière parole : « Mon Dieu, je remets mon esprit entre vos mains ! »

CONCLUSION

Nous devons à Jésus un culte éternel, parce qu'il fut l'incarnation et qu'il est toujours la personnification et le symbole de l'amour de l'humanité.

Nancy, imprimerie Berger-Levrault et Cie.

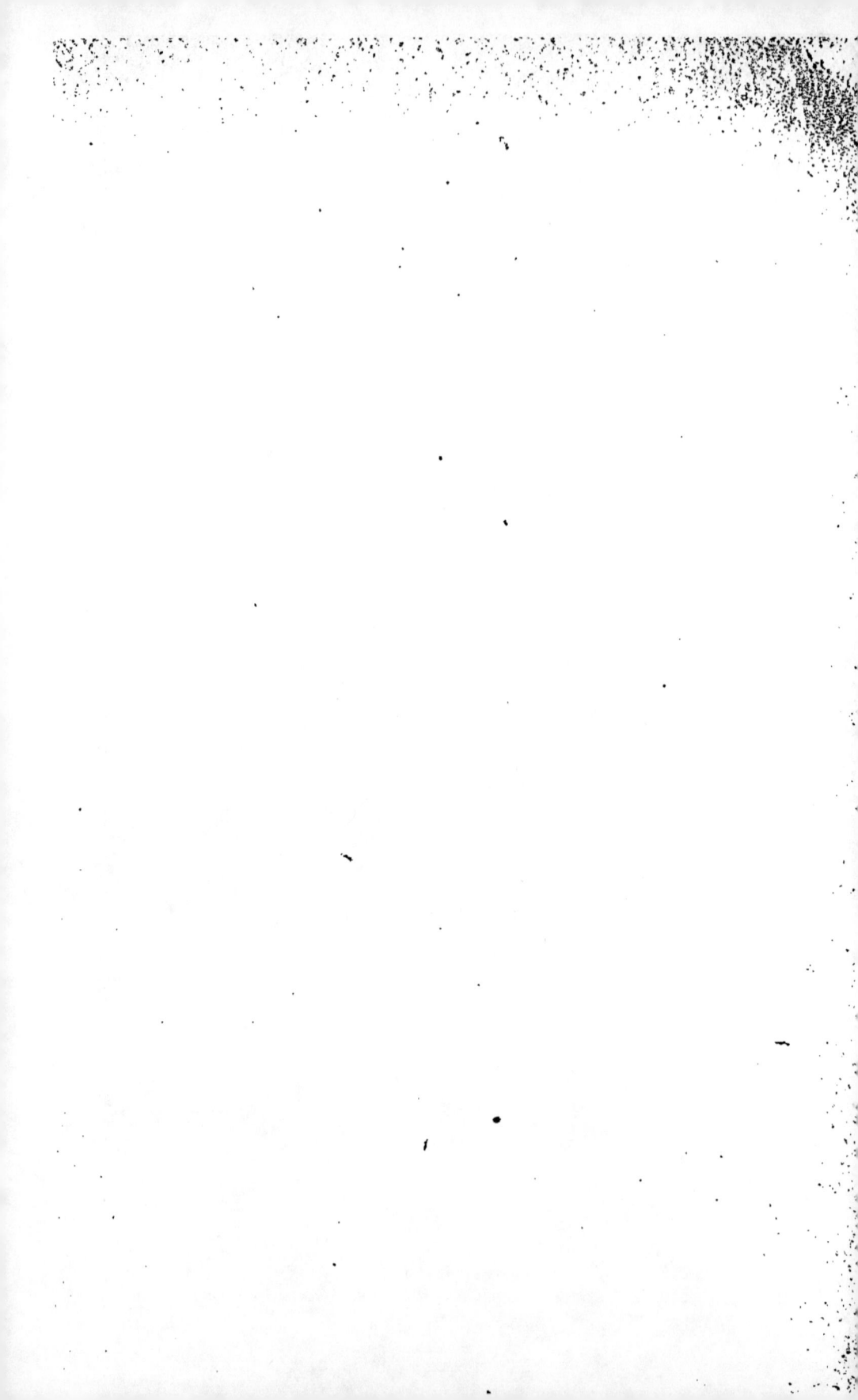

IRIE MILITAIRE BERGER-LEVRAULT ET C⁰

RIS, 5, rue des Beaux-Arts. — 18, rue des Glacis, NANCY

ARDOUIN-DUMAZET

VOYAGE EN FRANCE

COURONNÉ PAR L'ACADÉMIE FRANÇAISE

LA SOCIÉTÉ DES GENS DE LETTRES, LA SOCIÉTÉ DE GÉOGRAPHIE DE PARIS

ET LA SOCIÉTÉ DE GÉOGRAPHIE COMMERCIALE DE PARIS

VOLUMES PARUS

Chaque volume in-12, d'environ 350 pages, avec cartes, br. **3 fr. 50 c.**

Élégamment cartonné en toile souple, tête rouge . . . **4 fr.**

Envoi sur demande du prospectus détaillé (brochure de 16 pages)
des 40 volumes parus ou à paraître dont se composera l'ouvrage entier.

IMAGES DE FRANCE. *Région de l'Est,* par Émile HINZELIN. Beau volume in-12 de 433 pages, couverture illustrée par V. PROUVÉ. **3 fr. 50 c.** Relié en percaline gaufrée, plaques spéciales, tête dorée . . . . **5 fr.**

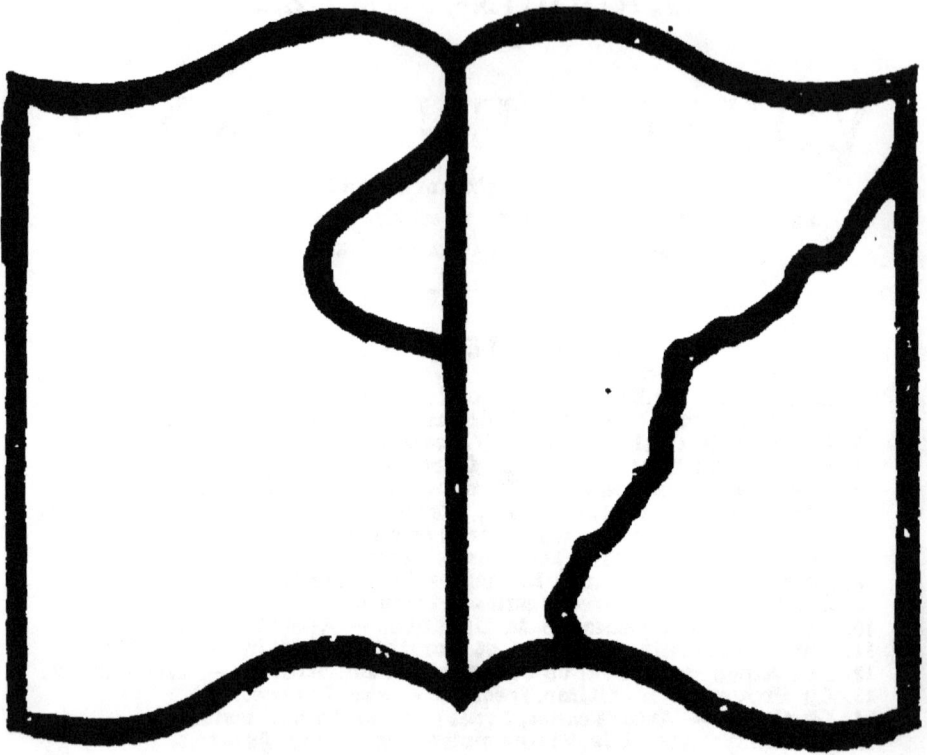

Texte détérioré — reliure défectueuse

NF Z 43-120-11

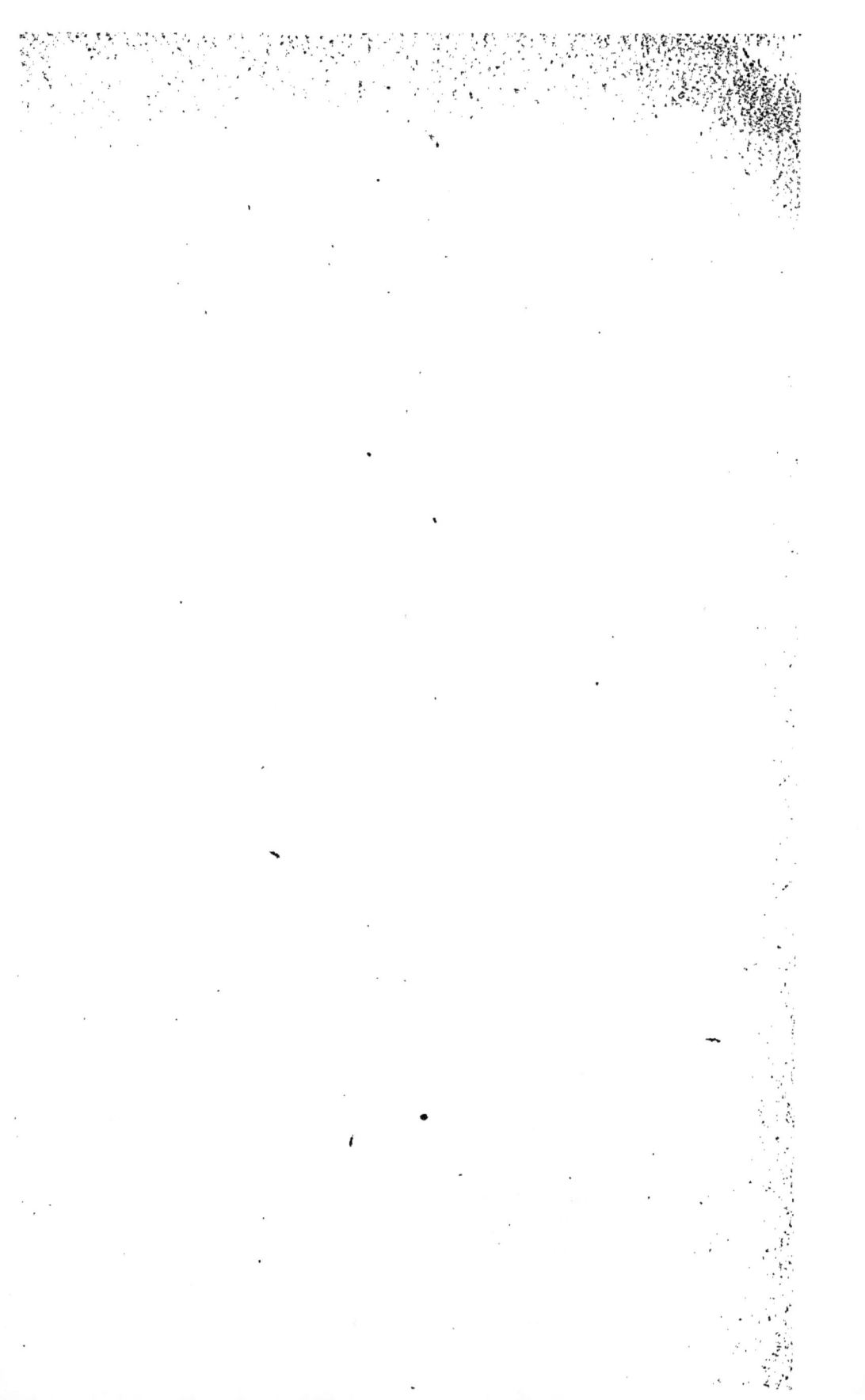

RIE MILITAIRE BERGER-LEVRAULT ET Cie

RIS, 5, rue des Beaux-Arts. — 18, rue des Glacis, NANCY

ARDOUIN-DUMAZET

VOYAGE EN FRANCE

COURONNÉ PAR L'ACADÉMIE FRANÇAISE

LA SOCIÉTÉ DES GENS DE LETTRES, LA SOCIÉTÉ DE GÉOGRAPHIE DE PARIS
ET LA SOCIÉTÉ DE GÉOGRAPHIE COMMERCIALE DE PARIS

VOLUMES PARUS

1. **Le Morvan, le Val de Loire et le Perche.** — Avec 19 cartes.
2. **Des Alpes mancelles à la Loire maritime.** — Avec cartes.
3. **Les Iles de l'Atlantique : I. D'Arcachon à Belle-Isle.** — Avec 19 cartes.
4. **Les Iles de l'Atlantique : II. D'Hoëdic à Ouessant.** — Avec 25 cartes.
5. **Les Iles françaises de la Manche et Bretagne.** — Avec 26 cartes.
6. **Cotentin, Basse-Normandie, Pays d'Auge, Haute-Normandie, Pays de Caux.** — Avec 23 cartes ou croquis.
7. **La Région lyonnaise.** 2e édition. — Avec 19 cartes.
8. **Le Rhône du Léman à la mer.** — Avec 22 cartes ou croquis.
9. **Bas-Dauphiné.** — Avec 23 cartes ou croquis.
10. **Les Alpes du Léman à la Durance.** — Avec 25 cartes.
11. **Forez, Vivarais, Tricastin et Comtat-Venaissin.** — Avec 25 cartes.
12. **Les Alpes de Provence et les Alpes maritimes.** — Avec 31 cartes.
13. **La Provence maritime.** 2e édition. — Avec 28 cartes.
14. **La Corse.** — Avec 27 cartes, 7 vues et 1 planche hors texte.
15. **Les Charentes et la Plaine poitevine.** — Avec 26 cartes.
16. **De Vendée en Beauce.** — Avec 29 cartes.
17. **Littoral du pays de Caux, Vexin, Basse-Picardie.** — Avec 28 cartes.
18. **Région du Nord : I. Flandre et littoral du Nord.** — Avec 30 cartes.
19. **Région du Nord : II. Artois, Cambrésis et Hainaut.** — Avec 28 cartes.
20. **Haute-Picardie, Champagne rémoise et Ardennes.** — Avec 22 cartes.
21. **Haute-Champagne, Basse-Lorraine.** — Avec 27 cartes.
22. **Plateau lorrain et Vosges.** — Avec 27 cartes.
23. **Plaine Comtoise et Jura.** — Avec 25 cartes.
24. **Haute-Bourgogne.** — Avec 30 cartes.
25. **Basse-Bourgogne et Sénonais.** — Avec 24 cartes.
26. **Berry et Poitou oriental.** — Avec 25 cartes.
27. **Bourbonnais et Haute-Marche.** — Avec 27 cartes.
28. **Basse-Marche et Limousin.** — Avec 24 cartes.
29. **Bordelais et Périgord.** (Sous presse.)

Chaque volume in-12, d'environ 350 pages, avec cartes, br. **3 fr. 50 c.**

Élégamment cartonné en toile souple, tête rouge . . . **4 fr.**

Envoi sur demande du prospectus détaillé (brochure de 16 pages) des 40 volumes parus ou à paraître dont se composera l'ouvrage entier.

IMAGES DE FRANCE. *Région de l'Est*, par Émile HINZELIN. Beau volume in-12 de 433 pages, couverture illustrée par V. PROUVÉ. 3 fr. 50 c.
Relié en percaline gaufrée, plaques spéciales, tête dorée . . . . **5 fr.**

LIBRAIRIE MILITAIRE BERGER-LEVRAULT

PARIS, 5, rue des Beaux-Arts. — 18, rue des Glacis, N£

OUVRAGES DE M. LE CONTRE-AMIRAL **RÉVEILLÉ**

MÉGALITHISME

Élégant volume in-12. 1900. Broché. . . . . **2 fr.**

AUTARCHIE
Collection de volumes in-12

LIBRE PENSEUR ET CHRÉTIEN
Élégant volume in-12, broché . . . . **2 fr.**

AUTARCHIE RELIGIEUSE
Élégant volume in-12, broché . . . . **2 fr.**

DOUTES ET HYPOTHÈSES
Élégant volume in-12, broché . . . . **2 fr.**

POLITIQUE AUTARCHISTE
Élégant volume in-12, broché . . . . **2 fr.**

MÉDITATIONS D'UN AUTARCHISTE
Élégant volume in-12, broché . . . . **2 fr.**

SUR LE PONT
Élégant volume in-12, broché . . . . **2 fr.**

CHRISTIANISME ET AUTARCHIE
Élégant volume in-12, broché . . . . **2 fr.**

PROPOS D'AUTARCHISTE
Élégant volume in-12, broché . . . . **2 fr.**

EXTENSION. EXPANSION
Élégant volume in-12, broché . . . . **2 fr.**

RECHERCHE D'IDÉAL
Élégant volume in-12, broché . . . . **2 fr.**

CROIX ET CROISSANT
Élégant volume in-12, broché . . . . **2 fr.**

L'EUROPE-UNIE
Élégant volume in-12, broché . . . . **2 fr.**

TUTELLE ET AUTARCHIE
Élégant volume in-12, broché . . . . **2 fr.**

UN COUP DE SONDE
DANS L'OCÉAN DES MYSTÈRES
Élégant volume in-12, broché . . . . **2 fr.**

LA CONQUÊTE DE L'OCÉAN
Un volume in-12 de 355 pages, broché. . . **3 fr. 50 c.**

Nancy, impr. Berger-Levrault et Cⁱᵉ.

www.ingramcontent.com/pod-product-compliance
Lightning Source LLC
Chambersburg PA
CBHW051740090426
42738CB00010B/2353